Découvrez l'histoire par les archives de presse

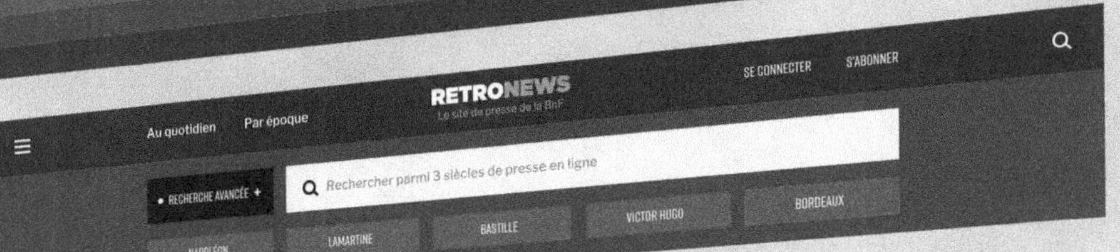

BULLETIN

DE LA

SOCIÉTÉ D'AGRICULTURE, INDUSTRIE, SCIENCES ET ARTS

DU

DÉPARTEMENT DE LA LOZÈRE.

TOME 1ER

ANNÉE 1850.

MENDE,

IMPRIMERIE DE J. J. M. IGNON.

SOCIÉTÉ

D'AGRICULTURE, INDUSTRIE, SCIENCES ET ARTS

DU DÉPARTEMENT DE LA LOZÈRE.

BULLETIN DE JANVIER ET DE FÉVRIER 1850.

COMPOSITION

DU BUREAU ET DES COMITÉS.

Président d'honneur.

M. E. GUYOT (O. ✻), Préfet du département.

Bureau.

Président : M. de THILORIER (G. O. ✻).

Vice-présidents : M. de Ligonnès ✻.
M. O. Charpal ✻.

Secrétaire perpétuel : M. J. J. M. Ignon ✻.

Secrétaire adjoint : M. P. Laurens.

Trésorier : M. Rous.

Comité de questure.

MM. Rous.
De Ligonnès ✻.
L'abbé Gaillardon.

Comité de rédaction.

MM. Laurens, aîné.
L'abbé Baldit.
Edmond de Lescure.

LISTE

Des Membres ordinaires résidans à Mende, par ordre de date de nomination, au 10 Janvier 1850.

1819 Ignon (J. J. M.) ✠, propriétaire.
Monteil-Charpal, ancien juge de paix.
Guyot ✠, notaire, membre du conseil général.
1820 Boissier, père, négociant.
Ignon, fils (Auguste), commandant de la garde nat.[le]
Rous, propriétaire.
1829 De Ligonnès ✠, propriétaire.
Renouard ✠, représentant du peuple.
Chevalier, docteur médecin.
Barbot, docteur médecin.
1833 Levrault, ex-directeur de l'enregistrement.
Degand, directeur de l'école normale primaire.
1834 De Chapelain, propriétaire.
1836 L'abbé Baldit, offic. de l'univ., archiviste du départ.
1838 Bon, juge au tribunal civil.
1839 Vachin, juge de paix.
1842 De Thilorier (G. O. ✠), maréchal de camp.
1843 Monteil-Charpal (Odilon) ✠, notaire.
1845 Pagès, substitut du procureur de la République.
1846 Laurens, aîné, agent-voyer en chef du département.
1847 Marcé, docteur médecin.
1849 L'abbé Comandré, vicaire général.
Bécamel, maire de Mende.
De Lescure (Edmond), propriétaire.
Paradan, juge au tribunal civil.
Reversat, avocat, membre du Conseil général.
Laurens (P.), chef de div. du secrét., à la préfecture.
L'abbé Gaillardon, chanoine honoraire.
Second, négociant.
De Corsac (Urb.) ✠, propr. memb. du cons. munic.

Séance du 10 janvier 1850.

Présidence de M. de THILORIER.

Étaient présents : MM. Ignon (J. J. M.), Rous, de Ligonnès, Barbot, D. M., Degand, de Chapelain, l'abbé Baldit, Bon, juge, Vachin, juge de paix, Monteil-Charpal (Odilon), Laurens, aîné, Marcé, D. M., l'abbé Comandré, Bécamel, maire, Ed. de Lescure, Reversat, avocat, Laurens, (Paulin), l'abbé Gaillardon, Second, et de Corsac (Urbain).

Le procès-verbal de la dernière séance est lu et approuvé.

Le Secrétaire perpétuel communique la correspondance reçue depuis la dernière réunion :

Lettres de MM. Paradan, l'abbé Gaillardon et Reversat, qui remercient la Société de leur admission, parmi ses membres.

Lettre du Secrétaire de la Société d'Agriculture, Sciences, Arts et Commerce du Puy (Haute-Loire), qui envoie les Annales de cette Société, tom. XIII — (1847 — 1848).

Séances et travaux de l'Académie de Reims — année 1849 — 1850.

Envoi d'un bon de la Société d'Agriculture, des Sciences, Arts et Belles — Lettres de l'Aube, pour retirer les Mémoires de cette Société pour l'année 1848.

Lettre de M. le Préfet de la Lozère, en date du 9 janvier 1850, qui renvoie le projet de règlement qui lui avait été adressé en communication, invite la Société à délibérer sur son adoption, et réclame l'envoi du bordereau de situation de l'exercice 1849 pour être transmis au Ministre.

M. de Chapelain, rapporteur du projet des modifications à faire au règlement, et M. Laurens, aîné, rapporteur du projet de budget ont présenté successivement leur travail, déjà arrêté par la commission qui, après une discussion approfondie, a été approuvé par la Société, sauf quelques légers changements. Des expéditions en seront transmises à M. le Préfet.

La Société, procédant ensuite à l'organisation de ses comités de Questure et de Rédaction, nomme,

1.° *Comité de Questure.*

MM. Rous;
De Ligonnès;
L'abbé Gaillardon.

2.° *Comité de Rédaction.*

MM. Laurens, aîné;
L'abbé Baldit;
De Lescure (Edm.)

Sur la proposition d'un membre, la Société nomme deux commissions spéciales, pour s'occuper des questions formulées ainsi qu'il suit :

1.° *Biens Communaux.*

La Société, attendu que la jouissance des biens communaux est l'objet de vives contestations dans le plus grand nombre des communes du département,

Attendu que le l'Assemblée législative s'occupe d'un projet de loi sur les communaux et qu'il est opportun de faire connaître les besoins du département à ce sujet,

Décide que l'importante question des biens communaux sera étudiée par une commission, composée de trois membres, savoir : MM. Reversat, Bécamel et Bon;

Que cette commission, après s'être éclairée par tous les moyens auxquels elle croira devoir recourir, résumera, dans un rapport, la situation actuelle, indiquera les dispositions législatives qu'il convient de demander, et proposera un projet de résolution à adresser à l'administration et au pouvoir législatif;

Cette résolution sera discutée, dès que la commission aura déposé son rapport.

2.° *Instruction Primaire.*

La Société, reconnaissant que l'instruction primaire est la source de laquelle on doit attendre tous les progrès matériels et moraux à réaliser pour les masses,

Nomme une commission de trois membres, savoir : MM. Degand, Comandré et de Chapelain, pour étudier l'état actuel de l'instruction primaire, la direction à lui donner pour l'approprier aux besoins de notre population et les moyens à prendre pour lui donner tout le développement que comportent les ressources dont on peut disposer.

La commission, dans un rapport, présentera à la Société le résultat de ses recherches et un projet de résolution qui, après avoir été discuté et adopté sera adressé à l'administration.

Séance du 7 février 1850.

PÉSIDENCE DE M. DE THILORIER.

Etaient présents MM. Ignon (J. J. M.), Rous, de Ligonnès, Degand, de Chapelain, l'abbé Baldit, Bon, Laurens, aîné, Bécamel, Paradan, Laurens (Paulin), et l'abbé Gaillardon.

Le procès-verbal de la dernière séance est lu et approuvé.

Le Secrétaire perpétuel donne communication de la correspondance :

Lettre de M. le Ministre de l'Instruction publique et des Cultes, en date du 20 janvier 1850, contenant des recommandations dans le but de régulariser et d'assurer le service d'échange et de transmission des publications entre les compagnies savantes.

M. le Président de la Société d'Agriculture de Grenoble, envoie une notice sur un nouveau moyen de mécanisme pour élever les vers à soie, par MM. Gueymard et Duchon.

La commission du congrés central d'Agriculture, invite la Société à désigner des délégués, pour la représenter à la 6.e session qui s'ouvrira à Paris le 18 mars prochain.

Lettre de M. le Secrétaire perpétuel de la Société nationale et centrale d'Agriculture, à Paris, pour demander des renseignements sur les apparences de diverses cultures et sur les produits de quelques unes.

Travaux de la Société d'Agriculture, Sciences et Belles-Lettres de Rochefort (Charente-Inférieure), année (1848 — 1849 et 1849 — 1850) et éloge historique de M Lesson.

Séances et travaux de l'Académie de Reims (1849 — 1850).

Le président du congrès des délégués des sociétés savantes des départements invite la Société à nommer des délégués pour se rendre à la réunion qui aura lieu à Paris le 10 mars prochain.

La Société admet, par scrutin individuel, comme membres ordinaires, hors du chef-lieu.

MM. De Morangiés, propriétaire à Fabrèges.
De Malafosse (Paulin), propriétaire à Marvejols.

Elle délègue pour la représenter au congrès central d'Agriculture :

MM. Renouard, représentant du peuple ;
Borrelli de Serres, ancien maire de Mende ;
Roussel, représentant du peuple;
Jaffard, représentant du peuple.

M. De Chapelain donne lecture d'une notice, dont il est l'auteur, sur les semis des pommes de terre. Après des observations sur les essais de ce genre, il est décidé qu'il sera acheté un demi kil. de graines pour être distribuées entre les membres qui s'engageront à faire des expériences et à en rendre compte à la Société.

Le règlement intérieur de la Société, proposé par M. de Ligonnès, au nom du comité de questure, est adopté.

La Société décide qu'un exemplaire de ses mémoires sera offert à la bibliothèque de la ville, avec prière de vouloir bien lui céder les ouvrages en double qu'elle peut posséder.

Une séance extraordinaire a été fixée à jeudi prochain, 14 du courant.

Séance du 14 février 1850.

Présidence de M. de THILORIER.

Étaient présents : MM. Ignon (J. J. M.), Rous, de Ligonnès, de Chapelain, l'abbé Baldit, Monteil-Charpal (Odilon), Laurens, aîné, Marcé, D. M., l'abbé Comandré, Bécamel, de Lescure (Edm.), Paradan, Reversat, Laurens (Paulin), l'abbé Gaillardon et de Corsac (Urbain).

Le procès-verbal de la séance précédente est lu et adopté.

La Société, conformément à son règlement intérieur, s'occupe d'abord de statuer, par voie de scrutin individuel, sur l'admission de divers membres, proposés dans sa séance précédente;

Ont été nommés :

1.° *Membres ordinaires, habitant le département, hors du chef-lieu.*

MM. Vidal (Odilon), notaire à Villefort;

Malafosse (Victor), propriétaire à Marvejols;

L'abbé de Charaix, vic. gén., propriétaire à Cheminades, canton de St-Amans;

De la Bastide, (Cam.), propriét. au Crouzet, id.;

Cabot de la Fare, sous-préfet à Florac, propriétaire à Arigès, canton de Florac;

Charrier, propriétaire à Marvejols;

Planchon, propriétaire au Buisson;

Monestier, agent-voyer, propriétaire à Banassac;

De Lescure (Ernest), propriétaire à St-Denis, canton de St-Amans.

2.° *Membres associés, dans le département.*

MM. Jaffard (Justin), représentant du peuple;

De Chapelain (Joseph), propriétaire au Champ, canton du Bleymard;

MM. Portanier, maire, propriétaire à Altier;

Baffie (Pierre), maire à St-Flour-de-Mercoire, canton de Langogne;

Paparel, percept. à Chasseradès, canton du Bleymard.

3.° *Membre correspondant, hors du département.*

M. l'abbé Pascal, de Marvejols, à Paris.

Le Secrétaire perpétuel donne communication de la correspondance :

Projet de loi relatif aux caisses de retraites pour la vieillesse, précédé de l'exposé des motifs, présenté par M. Dumas, ministre de l'Agriculture et du Commerce, dans la séance de l'Assemblée nationale législative du 26 novembre 1849,

Projet de loi relatif aux caisses de secours mutuels, précédé de l'exposé des motifs, présenté par le même ministre, dans la séance du 11 décembre 1849.

Sujet de prix proposé par l'Académie des sciences, arts et belles-lettres de Caen, remis au concours pour 1850.

Deux lettres de M. le Préfet,

La première, en date du 12 février courant, sur l'emploi du sel comme amendement des terres ;

La seconde, en date du 13 du même mois, concernant les bestiaux : races ovine et bovine.

Pour traiter ces diverses questions, M. le président nomme une commission composée de

MM. Laurens (Paulin) ;
De Lescure (Edmond) ;
Charpal (Odilon).

Il est ensuite ouvert un crédit de 50 francs au trésorier pour achat de graines de plantes oléagineuses, textiles et alimentaires.

RAPPORT

Fait à la Société au nom de la commission chargée d'examiner les modifications à apporter au règlement,

PAR M. DE CHAPELAIN, MEMBRE RÉSIDANT.

Séance du 10 Janvier 1850.

MESSIEURS,

La commission que vous avez nommée dans votre séance du 20 décembre dernier, pour préparer la révision de votre règlement, a pensé que son travail devait comprendre tous les changements que l'expérience de 30 ans rendait nécessaires ; la première modification que nous vous demandons, et de laquelle bien d'autres découleront, c'est d'élargir les limites trop resserrées qui renfermaient la Société dans la ville de Mende, d'étendre son action à tout le département et de lui donner le titre de Société d'Agriculture, Industrie, Sciences et Arts du département de la Lozère. En effet, Messieurs, notre Société est la seule qui existe dans ce pays ; le Gouvernement et le département lui accordent des secours ; le Préfet et les Ministres la consultent souvent sur des questions dont l'intérêt embrasse l'ensemble de la Lozère. Nous avons donc cru qu'il était indispensable d'étendre notre action jusqu'à ses limites naturelles. Nous agrandirons ainsi l'influence de la Société, et nous attirerons dans son sein un grand nombre de collaborateurs dont le concours nous sera précieux. Nous établirons un lien qui réunira les uns aux autres, de tous les points du département, les agriculteurs, les industriels, les artistes et les hommes qui se livrent à l'étude des sciences et des lettres. Il nous a paru, Messieurs, que cette concentration de forces vitales et des lumières du pays était nécessaire au bien de notre œuvre.

La Société se compose de 30 membres résidants et en nombre illimité de membres correspondants. Votre commission a été d'avis qu'il fallait élargir ce cadre. Elle maintient les 30 membres résidant à Mende et leur adjoint 30 membres forains résidant dans le département : elle donne aux uns et aux autres le titre de membres ordinaires. La résidence à Mende ne pouvait plus être une condition pour une Société devant étendre son action et puiser ses éléments de prospérité sur tous les points du département; avec d'autant plus de raison que l'agriculture est le premier titre que vous portez, et la principale de vos sollicitudes. La moitié des membres ordinaires sera prise dans la ville chef-lieu, afin surtout d'assurer à vos séances un nombre suffisant de membres délibérants. Mais les expériences en graud, les expériences vraiment utiles se font dans les campagnes. Nous devons appeler à nous les agriculteurs éclairés, qui nous communiqueront le résultat de leurs essais, nous indiqueront les méthodes qu'ils emploient et pourront faire subir aux procédés nouveaux l'épreuve de la pratique.

Nous vous proposons de plus de créer des membres associés, afin de vous procurer une collaboration plus étendue, et d'offrir une espèce de noviciat à des hommes jeunes qui n'ayant pas encore toute l'expérience qu'on demande à des membres ordinaires seraient désireux de commencer à travailler pour leur pays, et dont la Société encouragerait les efforts.

La création de membres honoraires s'explique d'elle-même par le besoin que vous pourriez éprouver de donner des témoignages de votre gratitude, ou de récompenser des services passés. Ces distinctions honorifiques existent dans presque toutes les sociétés savantes.

Les membres correspondants résideront désormais hors du département. Comme les bulletins de la Société doivent leur être adressés, il nous a semblé inutile qu'elle fit des frais de publication pour des personnes qui ne lui rendent aucun service, et nous vous proposons, en conséquence, de considérer comme démissionnaire tout membre correspondant qui aura laissé écouler deux ans sans faire aucune communication à l'assemblée, ou qui n'aura pas répondu dans les trois mois à une lettre particulière du président.

Vos publications étaient trop rares ; depuis longtemps vous n'éditiez qu'un volume de mémoires tous les deux ans. Notre projet dispose qu'au lieu d'un volume composé exclusivement du fruit de vos travaux particuliers et distribué alors seulement que l'abondance des matières le permet, vous publierez tous les mois un bulletin d'une ou de deux feuilles d'impression. Ce bulletin, qui aura le mérite de l'à-propos, contiendra, outre les articles fournis par les membres de la compagnie, la reproduction ou le résumé de ce que les nombreuses publications que vous recevez renfermeront d'applicable dans la Lozère, le compte-rendu de vos travaux, et les avis qu'il sera nécessaire de vous faire connaître. De cette manière, Messieurs, tous les membrss de la Société seront toujours au courant de ses travaux et jouiront de la partie utile des diverses communications qui vous parviennent.

Par ce moyen vous relierez tous les points du département, vous amènerez tout, de la circonférence au centre, pour le faire rayonner du centre à la circonférence.

Les soins à donner à ce bulletin, ainsi qu'à toutes les œuvres littéraires de la Société qui demanderaient un travail spécial, seront confiés à un comité de rédaction, composé de votre président, de vos deux secrétaires et de trois de vos membres que vous élirez au scrutin.

Le développement qui sera donné à la Société entraîne une grande augmentation de dépense. Vainement nous avons cherché dans votre budget le moyen d'y subvenir. Il n'est pas possible de supprimer, ni même de diminuer les allocations d'utilité générale qui absorbent vos ressources. Nous avons consulté les statuts des autres Sociétés de France, et nous y avons vu que, le plus grand nombre d'entr'elles, a établi une cotisation annuelle de 15 et 20 fr. Nous n'avons pas voulu atteindre ces chiffres et nous nous contentons de vous proposer une cotisation de 10 francs pour les membres ordinaires, et de 5 fr. pour les membres associés. Vous verrez, dans le projet de budget qui va vous être soumis, comment votre commission financière en comprend le chiffre général et l'emploi. Nous ne pensons pas qu'un membre de votre compagnie, qui a foi en son utilité, puisse refuser cette légère contribution. Ceux qui ne l'accepteront pas seront considérerés comme démissionnaires.

Les séances mensuelles sont maintenues. Elles seront annoncées dans le bulletin, afin que tous les membres en soient prévenus et y assistent lorsqu'ils le pourront. Le Président provoquera des séances extraordinaires toutes les fois que la nécessité lui en sera démontrée.

Les séances extraordinaires ne pouvant presque jamais être prévues à l'avance, nous n'avons pas fait au Président une obligation d'y convoquer les membres qui se trouvent hors de Mende, mais ce sera pour lui un devoir d'adresser des lettres d'avis à tous ceux qu'il saura être à portée de pouvoir s'y rendre.

Nous avons dû apporter quelques modifications dans la constitution intérieure.

Le Préfet de la Lozère, était président honoraire. A ce titre nous avons substitué celui de président d'honneur pour ne pas confondre le premier magistrat du département avec les membres honoraires qui ont cessé d'être utiles à la Société, tandis que le Préfet est son meilleur et son plus puissant appui.

Nous conférons au président l'autorité et le droit d'initiative qu'exige l'administration.

La commission a été d'avis de porter le nombre des vice-présidents à quatre, dont deux résidant à Mende, pour assurer la régularité du service, et les deux autres à Marvejols et à Florac, pour y établir des centres secondaires d'action et d'influence, en servant d'intermédiaires entre les membres des arrondissements et la Société.

Votre secrétaire actuel est perpétuel et il doit continuer à l'être, c'est un droit qu'il faut respecter; mais il y a autre chose qu'il faut respecter en lui plus que son droit même, c'est la longue suite de ses bons services. Depuis trente ans, tout le travail matériel et littéraire de la Société a pesé sur lui; malgré ses occupations particulières, que chacun sait être grandes, il a toujours trouvé le temps de s'occuper de vous; il a été, on peut le dire, l'âme de la Société, il vous a donné pour collègues ses deux fils, qui n'ont point été les membres les moins utiles, vos annales en font foi. Le père avait inculqué à ses enfants le zèle et l'amour du travail. Messieurs, nous vous demandons, pour votre digne et respectable secrétaire perpétuel, deux choses que vous êtes d'ailleurs bien disposés à lui accorder, parce qu'elles lui sont dues : respect et reconnaissance. Les modifications que nous vous proposons diminueront son travail, mais ne diminueront pas sa considération.

Nous donnons au vice-secrétaire, le titre de secrétaire adjoint, parce qu'il doit être plutôt auxiliaire que remplaçant; nous lui assignons un rôle actif dans les comités de questure et de rédaction.

Outre les officiers dont nous venons de vous parler, nous

vous proposons encore d'en instituer trois autres sous le nom de questeurs : Ils composeront avec le Président et les deux Secrétaires ce que nous appelons le comité de questure. Ce comité, aura la surveillance de la bibliothèque et du musée : il sera chargé de tous les détails matériels. Sa première occupation, dès que vous l'aurez institué, sera de vous présenter un règlement intérieur qui établira les formes à observer pour jouir des avantages que nous avons le droit de retirer de la bibliothèque, du musée, et de tout ce que nous possédons de précieux. Votre commission a pensé qu'il fallait donner toutes les facilités possibles, pour que chacun de vous put y puiser ; bien plus, pour que les étrangers même pussent, au moyen de garanties suffisantes, y faire des recherches.

Les fonctions du trésorier restent les mêmes ; l'expérience nous a appris que nous n'avions rien à désirer à cet égard, et la marche imprimée à votre comptabilité, sera un exemple et un modèle pour les successeurs du titulaire actuel.

Nous avons fixé la durée des divers emplois de vos administrateurs de manière que les traditions puissent toujours se conserver, et que pour atteindre ce but, ils ne soient pas rééligibles tous à la même époque.

Nous vous proposons le scrutin à la majorité relative pour toutes les fonctions, excepté pour celle de Président ; cette dignité est si importante, qu'il nous a paru nécessaire d'exiger la majorité absolue, afin d'entourer de plus de considération le chef de la compagnie et de rendre son action plus efficace.

La Société actuelle n'étant pas dissoute, il convient de maintenir dans leurs fonctions les officiers que vous avez nommés récemment.

Depuis longtemps, Messieurs, le nombre des membres qui se rendent aux séances a beaucoup diminué. Quelques personnes ont pensé que la distribution de jetons de présence pourrait contribuer à en attirer quelques uns de plus. Cette question sera étudiée par votre comité de questure.

Votre commission a cru qu'on trouverait dans une constitution plus forte le meilleur moyen de rechauffer le zèle ralenti. Entr'autres dispositions, la publication de vos bulletins mensuels et une grande facilité d'user de sa bibliothèque, peuvent exciter l'émulation et développer le goût de l'étude.

La présence de 12 membres est nécessaire pour la validité des délibérations; ce nombre peut ne pas être toujours complet. Pour que les travaux de la Sociéré ne soient pas arrêtés nous vous proposons de décider que lorsque, après une convocation régulière, le nombre des membres présents ne sera pas suffisant, il en sera fait une nouvelle pour suppléer à la séance qui n'aura pas eu lieu, et que, dans cette séance extraordinaire, cinq membres puissent délibérer valablement.

Telles sont, Messieurs, les principales modifications que votre commission a cru devoir vous proposer. Son travail a été mûrement étudié et approfondi; sans le croire parfait, elle a l'espoir que quelque chose vous en paraîtra bon.

Dans notre projet de règlement, nous nous sommes proposés d'obtenir : Division du travail, avec un centre commun; mouvement incessant du centre à la circonférence et de la circonférence au centre.

La partie administrative est confiée au Président et au Secrétaire; la partie matérielle au comité de questure, et la partie littéraire au comité de rédaction; le Président et le Secrétaire font partie de tous les comités et de toutes les commissions; leur présence et surtout la présidence de votre chef assure aux travaux de la Société un ensemble et une coordonnance qui en garantissent le succès.

En introduisant dans vos statuts les changements que nous vous avons signalés et ceux que la discussion pourra faire connaître, vous donnerez à la Société un règlement dont l'exécution procurera à notre pays d'utiles améliorations.

OBSERVATIONS

SUR LE BUT DES ASSOCIATIONS D'ENCOURAGEMENT,

Par M. l'abbé BALDIT, Membre résidant.

Janvier 1850.

Dans le discours prononcé à la séance d'ouverture de la Société d'encouragement pour l'industrie nationale, le 9 brumaire an x, M. de Gérando s'exprimait ainsi :

» Pour seconder l'industrie dans son développement, pour « lui donner tout l'essor dont elle est capable, trois sortes « de secours sont nécessaires : les lumières de l'instruction, « des encouragements sagement conçus et appliqués et l'in« fluence générale de l'esprit public.

» Le premier moyen de favoriser l'industrie, consiste à « l'éclairer par l'instruction, à la délivrer des entraves de la « routine, à la mettre à portée d'employer à son avantage, « toutes les inventions du génie. Mais, pour éclairer les ar« tistes, il faut les réunir, les mettre en rapport entre eux, « les mettre en rapport avec les savants, et fonder ainsi l'al« liance de la pratique et des théories. C'est par une associa« tion que l'instruction se prépare et se propage efficace« ment, par une association qui rapproche tous les résultats, « pour les comparer, par une association qui, dans sa vaste « étendue, puisse recueillir de toutes parts, les lumières épar« ses » Les rassembler dans un foyer, et les renvoyer, avec « la même rapidité, dans tous les points où leur application « peut-être utile.

« ....

« Pour propager les découvertes existantes et provoquer « les découvertes nouvelles, il faut des encouragements puis- « sants, mais sages, qui seront une aide pour le génie.... « C'est par une association que ces encouragements peuvent « être distribués avec succès. Les individus qui ont un inté- « rêt plus prochain et plus direct à une découverte, sont « aussi ceux qui sentent mieux le besoin de la seconder ; de « même, les hommes qui possèdent, dans un plus haut « degré, les connaissances acquises, sont également ceux « qui peuvent mieux apprécier ce qui leur manque. Les « encouragements donnés par une société indépendante sont « plus efficaces, parce qu'ils sont l'expression du besoin « commun et de l'intérêt social. Ils rehaussent le prix des « récompenses pécuniaires, par le noble sentiment attaché « aux récompenses de l'opinion, ces récompenses qui chez « une nation libre et éclairée, reçoivent de toutes les insti- « tutions publiques, et leur rendent une nouvelle force; ces « récompenses, de toutes les plus propres à seconder le « génie, parce qu'elles en sont les plus dignes.

« Enfin, ce serait peu des efforts individuels, si l'activité « de l'industrie n'était entretenue par l'esprit public, cette « cause féconde, qui est au corps politique ce que le principe « de la vie est aux productions de la nature, dont l'influence « invisible porte partout le mouvement et la force. L'esprit « public éveille le génie; enhardit les tentatives, fait valoir « les résultats, décerne aux découvertes le prix sublime de « la gloire. Seul, il peut détruire ces préjugés funestes, qui « portent le tribut d'une mode insensée aux productions « étrangères; seul il peut faire naître ce juste orgueil que « nous trouvons dans l'usage des productions nationales, « seul, il peut fonder de grandes entreprises et assurer leur « succès. Mais quel moyen plus propre à exciter, à entrete- « nir, à diriger l'esprit public, qu'une vaste association dans « laquelle les citoyens, en se rapprochant, apprennent mieux

« à s'estimer, dans laquelle ils mettent en commun leurs « sentiments et leurs idées; dans laquelle, s'éclairant sur « leurs intérêts réciproques, ils s'engagent à les confondre « dans un intérêt unique, celui de la société et de la patrie? « Laissons dire à quelques esprits découragés, à quelques « âmes flétries, que l'esprit public n'est qu'une plante exo- « tique sur notre territoire, et ne peut y germer avec succès. « Sans doute, un tel langage, s'il était autorisé, suffirait « pour l'étouffer. Mais ces monuments, qu'un élan unanime « et spontané à élevés à la mémoire de nos grands hommes, « mais ces institutions bienfaisantes, qu'un honorable zèle « naturalise chaque jour au milieu de nous, mais tant d'é- « tablissements nés au moment même où nous sommes « épuisés par de longs sacrifices et soutenus par le seul con- « cours des souscriptions individuelles, répondent assez à ces « arguments de l'égoïsme. Le Français porte, dans son « cœur, le germe de tous les sentiments généreux; le Fran- « çais est né pour tous les genres de dévouements, comme « pour tous les genres de gloire ; les amis du bien n'en « sont pas moins nombreux, s'ils sont modestes; et nous trou- « verons l'esprit public, si nous osons y croire, si nous « savons nous y confier ».

Personne n'ignore le bien qu'a produit la société d'encouragement pour l'industrie nationale. S'animant de son esprit et s'inspirant du feu sacré de l'émulation, cette noble passion des âmes généreuses, la Société d'Agriculture de la Lozère vient d'élargir son cercle d'action. Un nouveau règlement a été adopté dans la séance du 10 janvier 1850, il est soumis à l'approbation de l'autorité, et il sera publié prochainement. Le nombre des membres n'est plus restreint à 30. La résidence à Mende n'est pas obligatoire. Les travaux de la Société seront consignés dans un bulletin mensuel. On payera une cotisation annuelle, pour la publication de ce bulletin et pour autres dépenses indispensables.

La Société d'Agriculture de la Lozère fait un appel à toutes les intelligences et à tous les dévouements. Le but de sa pensée et de ses efforts est d'ouvrir au département, une voie de progrès et d'utiles améliorations, qui l'élèvent à la hauteur de ceux qui l'avoisinent.

Un concours nombreux, actif et éclairé lui est nécessaire.

Elle l'attend des agriculteurs, qui s'empresseront de répondre à ses vues, en popularisant l'importation de plantes nouvelles, en introduisant des innovations qui ont été ailleurs couronnées de succès et ont produit des fruits abondants, en lui communiquant leurs observations et le résultat de leurs travaux.

Elle l'attend des industriels appelés à lui apporter le tribut de leurs lumières, afin de perfectionner les industries dont la Lozère est en possession, d'en créer de nouvelles; de soutenir la concurrence des beaux produits de nos voisins et de faire refluer les capitaux, dans un pays où ils sont devenus si rares. (*)

Elle l'attend surtout, de ces hommes d'élite qui s'imposent de généreux sacrifices, dans l'intérêt de la grande famille, cherchent à rendre meilleur le sort de ses membres souffrants, les aident de leurs conseils, les encouragent et substituent une occupation utile à l'oisiveté qui démoralise et détruit cette heureuse harmonie et ce concours d'action nécessaires au bien public et au bien particulier.

(*) D'après un relevé général qui se trouve aux archives du département, il fut vendu aux foires et marchés du pays de Gévaudan, en marchandises de cadisserie, serges, escots, impériales, cadis à la dauphine, cadis de montagne, cadis refoulés et burattes :

Pendant l'année 1760, 89,925 pièces d'une valeur de 1,998,872 liv. 10 sols.

Idem	1761,	95,813	*idem*	2,174,529	10
Idem	1762,	99,238	*idem*	2,262,795	

Honneur et reconnaissance à ces hommes amis du progrès, qui poursuivent leur œuvre avec zèle et courage, sans s'arrêter aux discours de la méchanceté, ou de l'ignorance qui ne veut, ou qui ne sait apprécier l'honorable dévouement qui préside à leurs entreprises et le bien social qui en découle.

Honneur et reconnaissance à ces bons citoyens qui vivent du sentiment que l'on éprouve à faire le bien, et qui est la plus douce récompense de l'homme honnète et vertueux.

Qu'une pensée commune nous anime tous, l'amour du bien, qui est l'âme des grandes choses. C'est à lui que l'Agriculture doit ses progrès, l'industrie ses découvertes, les arts leurs chefs-d'œuvre, les sciences le dévoilement de leurs secrets, les états, leur prospérité et leur gloire, et les hommes de labeur leur travail et un salaire justement acquis. C'est l'amour du bien qui a formé de tout temps, ces associations philantropiques, mettant en commun leurs lumières, le résultat de leurs études et de leurs expériences, cherchant à multiplier les ressources, en proportion des besoins nouveaux que le temps fait naître, convaincues que la terre est une bonne mère et qu'elle répand, avec profusion, ses biens et ses richesses, à mesure qu'on lui donne des soins plus intelligents et qu'on lui consacre des travaux plus assidus.

Le but de notre Société est grand et noble, il embrasse les intérêts les plus chers du département, Rivalisons-tous de dévouement et de zèle, pour l'atteindre.

DISCOURS

PRONONCÉ SUR LA TOMBE

DE

M. PIERRE-JULES-AUGUSTE IGNON,

CHEF DE BATAILLON

COMMANDANT DE LA GARDE NATIONALE DE MENDE,

Par M. LAURENS, aîné, Membre ordinaire.

1.er mars 1850.

Messieurs,

« Un triste et douloureux devoir nous ramène trop souvent dans cette enceinte lugubre, où la mort appelle depuis quelque temps de si chères et de si nombreuses victimes....

« Vous regrettez tous encore cet amateur des belles fleurs, ce grammairien sévère, ce moraliste piquant, mais aimable, que mon collègue, M. Rous, louait d'une manière bien heureuse et bien vraie, en vous disant qu'il n'avait jamais donné à personne le droit de se plaindre de lui.

« Il n'y a pas deux ans que nous perdions notre savant et estimable botaniste, dont je m'honorais d'être l'ami.

« Dans l'année qui vient de s'écouler, la tombe s'est ouverte pour un spirituel poëte ; pour le président de la Société d'Agriculture, médecin aussi recommandable par sa science que par ses vertus ; pour le doyen et le plus méritant de nos agriculteurs, homme de bien, que chacun estimait, chez qui le pauvre trouvait un asile toujours ouvert, qu'il bénissait comme une seconde providence; et, il y a peu de jours, pour le premier de nos industriels, modèle d'ordre et de prudence, à qui le succès était dû et assuré.

« Aujourd'hui elle nous ravit un naturaliste distingué, un citoyen dont l'âme énergique brûlait de patriotisme, l'homme à qui nous confiions, depuis 18 ans, le commandement de notre milice civique, et en qui l'ordre social aurait trouvé un ardent et courageux défenseur si notre ville, privée tout à coup du bon esprit qui l'anime, eût eu à subir de déplorables agitations.

« Vous tous qui êtes venus si souvent ici en pleurant, vous qui connaissez l'étendue de tant de pertes, partagez et excusez les pénibles émotions qui m'accablent ! ......

« Pierre-Jules-Auguste Ignon, né à Viviers (Ardèche), le 20 décembre 1793, commença ses études aux colléges de Bourg-Saint-Andéol et de Mende ; il devint ensuite élève du Gouvernement au lycée impérial de Nismes, où il montra un goût et une aptitude remarquables pour les sciences exactes et pour l'histoire naturelle. Vous n'ignorez pas ses explorations et ses recherches dans notre département, dont il a fait connaître les richesses minéralogiques et géologiques. Il a dû à ses travaux d'honorables relations avec un grand nombre de savants du premier mérite, à qui il a fait part de ses découvertes, notamment avec Messieurs Georges Cuvier, Gillet de Laumont, de Ferrusac, Beudant, Dufrénoy et Elie de Beaumont.

« La Société géologique de France et plusieurs autres sociétés savantes l'avaient admis au nombre de leurs membres et trouvaient en lui un collaborateur utile et actif.

« Généreux envers les étrangers, il était tout dévouement,

lorsqu'il s'agissait de son pays; aussi la Société d'Agriculture de la Lozère lui est-elle redevable d'un graud nombre d'antiquités, de minéraux et de fossiles. Que n'a-t-il pu compléter les collections qu'il avait commencées pour notre musée, achever les travaux qu'il avait entrepris, et nous laisser le monument de science qu'il nous destinait !

« L'impitoyable mort ne tient aucun compte de nos années ni de nos projets, et se fait un jeu d'en briser le cours ! .....

« Parents, amis, concitoyens, vous qui l'entouriez de votre affection, vous qui lui avez donné un éclatant témoignage de votre estime, en l'appelant à participer à l'administration municipale, en l'élevant dans notre ville au premier grade de la garde nationale, venez lui dire avec moi votre dernier adieu.

« Cher collègue, la Société d'Agriculture ne te verra plus prendre part à ses travaux, ne t'entendra plus discuter avec tant de conviction dans ses séances; mais en étudiant sur les objets scientifiques qu'elle doit à ton savoir et à ta générosité, elle se souviendra des services que tu lui as rendus.

« Commandant de la garde nationale, tes camarades ne t'obéiront plus, mais ils n'oublieront pas ton zèle et ton dévouement. Pour honorer ton patriotisme, ils te donneront un successeur également ami de nos institutions, également disposé à défendre les vrais intérêts de la société.

« Cher fils, ton vieux et respectable père, que ta mort plonge dans l'affliction la plus profonde, a perdu l'espoir qu'il fondait sur toi. Tu ne seras plus l'objet de la sollicitude de ton excellente et vertueuse mère. Tes tendres sœurs ne te prodigueront plus leurs soins; tu ne pourras pas leur en témoigner ta reconnaissance Tu ne verras plus ce frère, à qui la profondeur de ses connaissances et son irréprochable intégrité ont valu une si juste et si grande considération dans notre cour d'appel. Tes amis ne jouiront plus de cette franche intimité par laquelle tu leur étais si cher. Mais nous redirons souvent quels ont été les sentiments religieux qui ont soutenu ton courage dans d'atroces douleurs, quelles furent la résignation et la sérénité qu'apporta dans ton âme, l'accomplissement des devoirs du chrétien. Ce dernier titre à notre estime vivra dans nos cœurs jusqu'au jour où nous nous reverrons dans un monde meilleur.

» Adieu ! Adieu ! Encore adieu ! ...... »

BUDGET

Des Recettes et des Dépenses pour l'année 1850.

RECETTES.

1re Section. — *Cotisation des membres de la Société et abonnements au bulletin.*

Cotisations de 60 membres ordinaires à 10 francs....................	600 »	900 »
Cotisations de 40 membres associés à 5 francs..........................	200 »	
25 abonnements au bulletin de la Société à 4 francs....................	100 »	

2e Section. - *Subventions accordées à la Société.*

Subvention sur les fonds du département déjà allouée..............	400 »	1,400 »
Subvention demandée à M. le Ministre de l'agriculture et du commerce sur les fonds de l'État ci...........	1,000 »	

Total des Recettes....... 2,300 »

DÉPENSES.

1re Section. — *Administration et publications.*

Frais de bureau..................	100 »	900 »
Impression du bulletin.............	500 »	
Affranchissement du bulletin.......	100 »	
Salaire du concierge..............	40 «	
Appropriation du Musée...........	110 »	
Achat de livres et souscriptions.....	50 »	

2e Section. — *Encouragements.*

Achat de trois béliers et de trois taureaux pour l'amélioration des races.	300 »	
6 médailles pour la fabrication de tissus	150 »	
Achat et distribution de graines et plantes fourragères	250 »	
Id. oléagineuses	100 »	
Id. textiles	100 »	1,400 »
Id. alimentaires, céréales ou maraîchères	150 »	
Id. d'arbres fruitiers ou forestiers.	250 »	
3 médailles pour 3 serviteurs les plus méritans	100 »	
Total des Dépenses		2,300 »

BALANCE.

Recettes		2,300 »
Dépenses		2,300 »
Différence	en excédant	» »
	en déficit	» »

Arrêté en séance le 10 janvier 1850.

PÉRIPNEUMONIE CONTAGIEUSE

DU BOEUF.

Chargé par M. le Préfet de l'Ardèche d'une mission spéciale sur la péripneumonie contagieuse qui exerce dans ce département de grands ravages, M. Tisserant, professeur à l'école vétérinaire De Lyon, a rédigé sur cette maladie, de la race bovine, une instruction simple qu'il a mise à la portée de tous les cultivateurs.

La Société a jugé à propos de l'insérer dans son Bulletin, persuadée que les utiles indications qu'elle contient peuvent être appliquées dans la Lozère, où cette épizootie apparaît malheureusement de temps en temps. Elle recommande à ses membres de le communiquer non-seulement aux personnes dont les bestiaux seraient malades, mais encore à celles dont les bâtiments ruraux ne seraient pas bien disposés ou entretenus dans un état suffisant de propreté.

Instruction sur la péripneumonie contagieuse du bœuf, vulgairement appelée *mal du poumon, mal de la courade, poulmonie.*

Elle attaque toutes les bêtes à cornes, les plus jeunes commes les plus âgées, les plus maigres comme les mieux portantes, et souvent celles-ci de préférence.

Signes et symptômes de la maladie. — La maladie est difficile à reconnaître à son début; c'est ce qui explique pourquoi le traitement qu'on lui oppose, lorsqu'elle est bien établie, est si souvent sans résultat. Voici pourtant quelques observations que les fermiers pourront mettre à profit. La bête *qui va être malade* a les yeux un peu rouges, le nez tantôt sec, tantôt humide ; elle mange encore et rumine, mais pas aussi régulièrement qu'autrefois ; lorsqu'elle est tranquille à sa place elle baisse la tête et paraît triste ; son poil se dresse ; elle *souffle plus vite*. Ces signes peuvent diminuer pendant quelque temps, disparaître même, et, au bout de quelques jours, revenir plus sensibles. Bientot la bête tousse, d'une toux faible qui semble la faire *pâtir*. Quand on appuie la main sur son dos, derrière l'épaule, elle *fléchit* comme si elle avait mal. Elle fait des mouvements et s'éloigne lorsqu'on donne quelques coups de la main sur les côtes. Les animaux qui ont le *mal de la courade* maigrissent et se *gonflent* facilement quand ils ont beaucoup mangé. Le lait des vaches diminue et il est moins bon.

Les malades peuvent aller ainsi huit jours, quinze jours, un mois et quelquefois plus. Souvent les vaches pleines mettent bas des veaux *étouffés*. Si le bétail a été traité de bonne heure, ou si la *maladie n'est pas forte*, il peut guérir. Mais jamais les animaux ne reprennent bien, il faut les vendre au boucher quand il ont repris un peu de chair, après quelques mois, le lait des vaches se perd, et il peut arriver qu'elles ne fassent plus de veaux. On peut s'attendre à voir périr les bêtes au bout de deux ou quatre jours, quand elles refusent tout-à- fait de manger.

Lésions. — Quand on ouvre la poitrine des animaux morts de la péripneumonie épizootique, on trouve tout un côté ou une partie des deux côtés du poumon, gros, dur, souvent attaché aux côtes, avec le dedans rayé et taché comme le marbre, gris à un endroit, rouge ou noir en d'autres. La poitrine contient de l'eau et une matière jaunâtre et molle comme de la graisse.

Marche de l'épizootie. — C'est tantôt un bœuf, tantôt une vache ou un veau qui est attaqué le premier. Au bout de huit ou quinze jours, souvent son voisin tombe malade, puis peut-être ensuite un second voisin, et enfin plusieurs animaux deviennent malades à la fois.

Causes de la maladie. — La mauvaise tenue des étables, la pluie et le froid du printemps et de l'automne, une nourriture trop forte, la contagion, peuvent engendrer le *mal du poumon*.

Mauvaise tenue des étables. — Les cultivateurs de la montagne sont habitués à voir le fumier rester dans leurs écuries quelquefois très long-temps. Ils n'y font pas attention et c'est pourtant un grand mal ; les étables sont déjà si étroites et si petites pour le bétail qu'on y renferme. Le fumier se décompose et produit un mauvais air qui peut amener la péripneumonie ou le charbon. Les murs souvent en pierres sèches, mal crépis, adossés contre la montagne, sont facilement traversés par l'humidité.

Pour que le bétail n'ait pas froid, on ferme les portes et le peu d'ouverture que présentent les étables ; alors l'air se gâte et l'humidité reste. — *Mauvais temps.* La pluie, quand surtout elle est froide, le grand vent, la neige, sont nuisibles à tout le monde, aux animaux comme aux hommes. Tout cela contribue à produire le mal ou à le rendre plus grave dans la mauvaise saison. — *Nourriture.* Le bétail bien portant et nourri trop fort, est souvent attaqué plus vite et plus gravement que l'autre. — *Contagion.* Le mal de poumon est contagieux ; il peut être *repris* par les bêtes à cornes. Si la maladie se déclare dans une étable où on n'a pas mis de bétail étranger, souvent c'est parce que le domaine est voisin d'un autre où le mal existe. Dans cette année 1849, les propriétaires ou fermiers qui n'ont pas laissé paître leur bétail tout près des autres domaines ont été exempts de la maladie.

Traitement. — Les fermiers feront bien de ne pas accorder de confiance aux remèdes secrets. Ceux qui les leur offrent abusent de leur bonne foi et traitent souvent des animaux qui ne sont pas malades pour avoir l'air d'en guérir quelques-uns. D'abord, il y a des bêtes qui guérissent bien toutes seules, pourvu qu'on ne les expose pas au froid, aux brouillards, etc., mais il ne faut pas trop s'y fier, et il vaut mieux les traiter aussitôt qu'on les voit malades. On commence par faire une petite saignée le matin. On saigne de nouveau au bout de deux jours si les animaux ont les yeux rouges et ne mangent guère. Le premier et le second jour, on frotte bien sur les côtes, surtout vers le milieu, avec un quart de litre de vinaigre chaud, ou avec deux décilitres d'ammoniaque froid (alcali volatil). Dans la journée on bouchonne bien les membres et le ventre avec un bon bouchon de paille. On fait aussi chauffer de l'eau dans laquelle on a mis des plantes aromatiques, de l'harmoise ou des baies de genièvre écrasées, et on en fait respirer la vapeur après avoir mis une couverture sur la tête. Enfin, on passe au fanon un trochisque (une broche). Une partie de la ration doit être remplacée par de l'eau blanche faite avec de la farine ou du son. Ces moyens sont à la portée de tous les fermiers et sauveront quelques animaux si on veut les employer à temps.

Les bêtes grasses qui tombent malades doivent être vendues de suite au boucher.

Si au bout d'une quinzaine les malades continuent à tousser et à maigrir, s'ils deviennent plus essoufflés, on peut les considérer comme perdus. Il est temps de les vendre, non aux autres fermiers, mais aux bouchers, si on ne veut les perdre tout-à-fait.

Moyens préservatifs. — On ne peut pas toujours se dispenser d'acheter du bétail, mais les fermiers qui ne voudront pas avoir la maladie, tiendront séparés à la grange pendant six semaines ou deux mois les bêtes à cornes qu'ils auront acquises. Cette obligation est gênante, mais il vaut mieux *pâtir* un peu que de s'exposer à perdre ses animaux et à se ruiner. Quand on n'a pas de place à part, les bêtes malades sont mises au fond de l'écurie, dans un endroit écarté, et séparées des autres avec des planches assez hautes qui se touchent. Toujours la mangeoire, le mur, le devant du plancher doivent être bien lavés et nettoyés avec de l'eau chaude dans laquelle on aura jeté quelques poignées de cendre.

On sait qu'il faut *rentrer le bétail* pour midi, dans les grandes chaleurs. Pourquoi, quand vient la mauvaise saison ne le rentrerait-on pas de bonne heure, et ne le ferait-on pas sortir tard ? Les vaches donneraient plus de lait, et le bétail se porterait mieux.

Lorsque la maladie règne dans la contrée, on fait bien de donner à chaque bête à cornes par jour, selon sa taille, 30 grammes (une once), ou 60 grammes (deux onces) de sel de cuisine.

Les fermiers doivent se garder de mener les vaches à des taureaux qui ont eu la maladie ou qui se trouvent dans des étables où elle existe.

Les animaux qui meurent doivent être enterrés dans des endroits où le bétail ne va point pâturer, à trois ou quatre pieds sous terre.

La péripneumonie n'est point *reprise* par l'homme ni par

le mouton, etc., mais elle peut l'être par des bêtes à cornes.

Tant que les animaux qui ont *le mal de la courade*, mangent bien, leur chair et bonne et peut être consommée sans danger; l'expérience a prononcé sur cette question. Mais il faudrait bien se garder de les dépouiller et surtout d'en manger s'ils avaient le *charbon noir* ou *blanc*, le *bubon*.

Etables. — Les étables de la montagne sont trop basses et l'air n'y circule pas. Cela est pernicieux au bétail. Quand elles ne sont pas crépies partout, elles sont très humides. Il faut percer des fenêtres en bas; en haut, les laisser toujours ouvertes et n'en fermer que lorsqu'il fait absolument trop froid. Les plus grandes sont les meilleures. Dans près-que toutes les étables, il y a au plancher de dessus des trous carrés qui communiquent avec le grenier, mais qui ne servent à rien pendant une grande partie de l'année parce qu'ils *sont bouchés par le foin*. Pour les rendre utiles, il suffira de faire au-dessus, avec quatre planches, des tuyaux qui traverseront le toit, et s'élèveront au-dessus de la neige en en hiver. Deux grandes entailles et une couverture empêcheront la pluie d'y entrer.

Le fumier et l'urine ne doivent pas rester dans l'étable. On doit les enlever et balayer tous les jours, en toute saison. Pour rendre ce soin facile, les cultivateurs pourront adopter les mesures suivantes commandées par le défaut absolu de litière. Les planchers seront bien unis et bien rejoints. On en fera un presque droit pour les vaches, et un autre plus incliné pour les bœufs et les veaux. Ils seront assez élevés pour qu'on puisse passer dessous un rateau et un balai. Le pavé sera bien fait et en pente.

Les fosses à fumier, plus ou moins grandes, selon les besoins, seront abritées par un appentis en chaume appuyé sur la terre et contre le mur. Le devant des maisons et écuries sera aussi pavé comme l'étable.

Ces travaux qui ne demandent ni ingénieurs, ni architectes, et qui préviendront beaucoup de maladies, peuvent être exécutés par les fermiers eux-mêmes, dans leurs moments de loisir. Un peu de bonne volonté, quelques marteaux, un pieu en fer, une pelle, une pioche, une règle en bois suffiront pour les mener à bonne fin.

Les fermiers qui négligeront les améliorations et les mesures indiquées dans cette note, outre qu'ils seront exposés à perdre souvent leur bétail, perdront une partie de leurs droits à l'intérêt de l'administration.

Dispositions légales. — Les fermiers qui ont la maladie dans leur étable ne doivent pas vendre de bétail à d'autres fermiers.

La loi est sévère pour les maladies contagieuses. Les arrêts du conseil d'État du roi des 10 avril 1714, du 16 juillet 1784, la loi des 16-24 août 1790, le décret de la constituante, du 6 octobre 1791, les articles 459, 460, 461 et 462 du code pénal mettent aux mains des autorités les pouvoirs les plus étendus pour réprimer toutes les contraventions.

Privas, le 3 octobre 1849.

TISSERANT,

professeur à l'école vétérinaire de Lyon.

Mende, imprimerie de J. J. M. Ignon

SOCIÉTÉ

D'AGRICULTURE, INDUSTRIE, SCIENCES ET ARTS

DU DÉPARTEMENT DE LA LOZÈRE.

BULLETIN DE MARS 1850.

Séance du 7 mars 1850.

PRÉSIDENCE DE M. DE THILORIER.

Étaient présents MM. Rous, de Ligonnès, Barbot, D. M. Degand, de Chapelain, l'abbé Baldit, Laurens, aîné, Marcé, D. M., l'abbé Cômandré, de Lescure (Edmond), Laurens (Paulin), l'abbé Gaillardon, de Corsac (Urbain), et de Lescure (Ernest).

Le procès-verbal de la dernière séance est lu et approuvé.

Il est donné lecture d'une lettre de M. Ignon, secrétaire perpétuel, qui s'excuse de ne pouvoir assister à la séance à cause de l'état d'affliction où il se trouve, par suite de la mort de son fils. La Société, péniblement affectée d'avoir perdu, en M. Auguste Ignon, un de ses membres les plus distingués, décide que l'expression de ses regrets, dont M. Laurens, aîné, et M. Paradan se sont déjà fait les interprêtes, sera consignée au procès-verbal.

Le secrétaire adjoint communique ensuite la correspondance, qui présente les objets suivants :

Lettre de M. le Ministre de l'Instruction publique et des Cultes en réponse à celle du président concernant les publications de ce ministère.

Lettre de M. le Ministre de l'Agriculture et du commerce, annonçant la concession de publications, et contenant l'offre de graines de pin laricio de Corse.

La société charge son président de remercier M. le ministre du don qu'il a bien voulu lui faire et de le prévenir qu'elle accepte avec reconnaissance les graines qui lui sont offertes.

Lettre de M. le Préfet, en date du 5 du courant, qui communique les statuts d'une institution de crédit sous le titre de banque de prêts d'honneur et demande l'avis de la Société sur la possibilité d'organiser cette institution dans la Lozère, ainsi que sur les chances de succès qu'elle y aurait.

Lettre de M. le Président de la commission nommée par l'Assemblée nationale pour procéder à l'enquête sur les boissons, et programme de questions auxquelles une réponse est demandée, en ce qui concerne le département.

Deux commissions sont nommées pour examiner la création d'une banque de prêts d'honneur et traiter les questions posées au sujet des boissons.

La première se compose de

MM. Charpal (Odilon) ;
L'abbé Gaillardon ;
De Corsac (Urbain).

La seconde, de

MM. De Chapelain (Octave),
De Lescure (Edmond) ;
De Ligonnès.

Autre lettre de M. le Préfet, en date du 6 du même mois, donnant avis de la réponse de M. le Ministre de l'Agriculture et du commerce au sujet du nouveau règlement de la Société.

Bulletin du ministère de l'Agriculture et du commerce ; N.os 11 et 12, novembre et décembre 1849.

Documents sur le commerce extérieur, N.os 472 à 477 (du même ministère).

Prospectus de la Pratique raisonnée de la taille des arbres fruitiers et de la vigne, par Magdelaine Alexis Cossonnet, propriétaire cultivateur à Longpont (Seine-et-Oise).

Séances et travaux de l'académie de Reims (année 1849-1850, N.° 71, séance du 28 février 1849).

Suite des procès-verbaux des séances de la Société académique du Nord, séant à Douai, du 23 juillet 1849 (Page 173) au 6 janvier 1850 (page 261 à 371 comprise).

Bulletin de la Société centrale d'Agriculture et des Comices agricoles du département de l'Hérault (36.e année, mars, avril, mai et juin 1849).

Congrès des délégués des Sociétés savantes des départements, au palais du Luxembourg, 10 mars 1850 ; questions à discuter.

Bulletin de la Société d'Agriculture de Boulogne-sur-mer. (Séance semestrielle du 15 novembre 1849).

EMPLOI DU SEL

POUR L'AMENDEMENT DES TERRES.

La Société, sur le rapport fait par M. Paulin Laurens, au nom de la commission nommée dans sa précédente séance, répond à la lettre de M. le Préfet, en date du douze février dernier, que dans la Lozère il n'a pas été fait usage du sel pour amender les terres, depuis que la taxe en est réduite. La cause doit en être attribuée à ce que le prix du sel, malgré la diminution apportée dans les droits par la loi du 28 décembre 1848, demeure encore fort élevé pour ce pays, par suite des frais de transport que le grand éloignement des salines et des marais salants rend considérables, et à ce que des expériences locales ne sont pas venues démontrer l'efficacité de cet amendement. Quelques essais furent tentés à une époque déjà ancienne, mais sur une très petite échelle et sans résultats concluants. Comme les autres, cette innovation agricole ne s'introduira dans le département que lorsque des faits accomplis sous les yeux des cultivateurs les auront convaincus de ses avantages.

Pour arriver à connaître ceux que l'on doit en attendre, la Société décide que quatre propriétaires seront chargés de procéder ce printemps à des expériences, deux sur le terrain calcaire et deux sur le terrain granitique. Elle mettra à cet effet à la disposition de chacun d'eux 50 kil. de sel. Les expériences devront être comparatives. Dans ce but il sera opéré simultanément sur des étendues égales du même fonds avec et sans fumier et avec l'emploi du sel à des doses différentes. Les résultats seront appréciés par les produits de la récolte. Il devra en être rendu un compte exact et détaillé à la Société.

Sont désignés pour faire ces expériences :

MM. De Lescure (Edmond), et Chevalier, de Mende, sur leurs domaines calcaires de Vacherie et du Tuffe ; MM. de Labastide (Camille), de Mende, et Planchon (Stanislas), du Buisson, sur leurs domaines granitiques du Crouzet et de la Maison-Neuve.

BESTIAUX.

Les questions posées, au sujet des bestiaux, dans la lettre de M. le Préfet du 13 février dernier sont pour la plupart des questions de statistique. Les moyens manquent à la Société pour les résoudre avec une exactitude rigoureuse. Elle ne peut fournir à leur égard que des indications approximatives.

Après avoir entendu le rapport de la commission chargée d'examiner ces questions, elle y fait les réponses suivantes :

1.° Existences en bétail dans le département. — Par suite de l'extension donnée aux prairies artificielles le nombre des bestiaux s'accroît tous les ans. Il ne paraît pas être actuellement moindre de 420,000 têtes savoir :

Espèce bovine.	Taureaux......	3,000	40,000
	Bœufs........	11,000	
	Vaches.......	18,000	
	Veaux........	8,000	
Espèce ovine, non compris les troupeaux transhumants.	Béliers	5,000	380,000
	Moutons	170,000	
	Brebis.......	120,000	
	Agneaux	85,000	

2.° Nombre et provenance des bestiaux importés. — Il se fait avec les départements voisins des échanges fréquents, sans qu'il en résulte pour la Lozère une grande importation, si ce n'est pour les moutons qu'elle reçoit de l'Aveyron et pour les élèves de l'espèce bovine qui lui viennent du même département et de celui du Cantal, mais à son tour elle exporte considérablement des bestiaux gras dans les départements du midi. Les importations peuvent s'élever annuellement à 20,000 moutons et à 2,000 bêtes bovines.

3.° Abattages — Les abattages pour la consommation locale présentent les chiffres ci-après :

Bœufs........	300	9,000
Vaches	1,300	
Veaux........	7,400	
Moutons	12,000	35,000
Brebis.......	20,000	
Agneaux	3,000	

4.° Prix des bestiaux et de la viande. — Ces prix ont éprouvé, durant les dernières années, une diminution due à la dépréciation que les évènements ont fait subir à tous les produits. Ils offrent les taux qui suivent :

	Prix moyen sur pied.		Prix du kil. de viande.
Bœuf........	150. «	—	0 f. 70
Vache	90. «	—	« 56
Veau........	15. «	—	« 75
Mouton......	14. «	—	« 85
Brebis.......	9. «	—	« 65
Agneau......	3. 50	—	« 70

Il n'existe d'octroi qu'à Mende et à Marvejols. Les droits sont en moyenne du vingtième du prix des animaux.

5.° Consommation de la viande. -- La quantité de viande consommée est de 911,500 kil., dont 394,500 kil. provenant de l'espèce bovine et 517,000 kil. de l'espèce ovine, ce qui donne la moyenne de 6 kil. 36 par habitant.

6.° Droits sur les bestiaux étrangers. — Les bestiaux forment la principale production de la Lozère. Elle a le plus grand intérêt à voir protéger cette production par les droits d'importation sur les bestiaux étrangers. Il convient par conséquent, ainsi que le demande, depuis plusieurs années, le conseil général du département, de ne pas modifier le tarif actuellement en vigueur, à moins que ce ne soit pour l'élever.

EXTRAIT

D'une notice sur le trèfle, publiée par M. Vasse, dans les mémoires de la Société d'Agriculture de Douai.

Culture. — Le trèfle est une plante à racine pivotante à filets nombreux ; sa racine peut s'enfoncer régulièrement de trois à quatre décimètres, si le sol argileux s'étend jusqu'à cette profondeur. Le sol calcaire n'est pas assez substantiel pour elle, elle ne s'y engage pas.

Le trèfle vit dans la couche arable pendant son jeune âge, il atteint le sous-sol et vit surtout par lui dans un âge plus avancé. Il nous apparaît comme un instrument mis par le Créateur entre nos mains pour ressaisir les engrais qui ont dépassé la limite inférieure de la couche arable.

La première vie du trèfle, dans le sol atteint généralement par nos instruments de labour, dure à peu-près un an. Elle exige des soins d'autant plus assidus et plus coûteux qu'elle vient après une récolte plus abondante de blé ou de toute autre plante. Pendant la seconde année de sa vie le trèfle est nourri surtout par le sous-sol. Il faut que celui-ci ait pu recevoir et conserver les engrais, c'est le cas de toutes les terres qui sont reconnues bonnes pour la culture de cette plante, mais une fois que le sous-sol a été épuisé par une culture de trèfle, il faut qu'il s'imbibe d'une nouvelle quantité d'engrais avant d'accepter la même plante, et comme il ne prend ce dernier qu'à la dérobée dans la culture ordinaire, il lui faut le plus souvent de cinq à neuf ans avant de produire avec avantage un nouveau trèfle. Si vous voulez répéter plus tôt cette culture, votre plante vit à peu-près un an, c'est-à-dire tant qu'elle reste dans la couche arable, et lorsqu'au printemps qui suit sa naissance elle atteint le sous-sol trop pauvre pour la nourrir, elle jaunit et meurt. Vous voyez aujourd'hui une seule plante jaune et mourante, vous verrez demain la maladie gagner ses voisines et rayonner en tous sens jusqu'à ce qu'un vide complet se soit fait au tour de la première plante observée, comme si la pauvreté du sous-sol avait sa régularité. Donnez à votre sol assez d'engrais pour qu'il en retombe beaucoup sur le sous-sol, et vous pourrez mettre du trèfle tous les trois ans, c'est ce qui a été fait dans certaines cultures.

Le trèfle est cultivé en Flandre depuis un temps immémorial, c'est de là qu'il a passé, pendant le siècle dernier, dans les autres pays, sous le nom quelquefois de trèfle de Hollande parce que sa graine était transportée dans les vaisseaux de cette nation. Eh bien! partout où il a été introduit, sa culture a été reçue avec enthousiasme, elle a été d'abord souvent répétée, mais on ne tarda pas à s'apercevoir qu'il ne fallait pas user indéfiniment de cette permission. Le sous-sol, qui avait emmagasiné de l'engrais pendant des siècles peut-être, avait perdu cette provision après plusieurs cultures répétées, il demandait à réparer ses forces.

Indépendamment de la récolte abondante qu'elle nous donne, la fourragère qui nous occupe laisse dans le sol plus d'engrais qu'elle n'en a trouvé, et si le premier homme des champs qui l'a cultivée avait été tant soit peu alchimiste il aurait vu dans cette plante un représentant organique de la pierre philosophale.

Pour expliquer ce fait, les chimistes ont avancé, que cette plante vivait plus par l'air que ses autres sœurs de l'exploitation, et ils l'ont prouvé une seule fois sur un faible sujet dans des circonstances particulières. Je crois pour moi qu'il est difficile de regarder comme très abondante la nourriture qui doit être apportée par l'énorme racine de la plante, et le cultivateur aurait peut-être raison de réclamer l'honneur d'une partie de l'engrais apporté, en faveur de la racine qui le prendrait au sous-sol. Le trèfle que vous faites pâturer par vos moutons, à des intervalles rapprochés, vous donne aussi plus d'engrais qu'il n'en a trouvé, quoique ses feuilles se développent peu.

La luzerne et le sainfoin sont d'autres instruments donnés par le Créateur pour poursuivre nos engrais jusque dans les profondeurs des sols calcaires, où ils s'écoulent encore mieux que dans nos sous-sols argileux ou composés de graviers.

Usages. — Tout le monde s'accorde à regarder le trèfle comme plus nourrissant que le foin des prairies dans le rapport de dix à neuf ou à huit, c'est-à-dire que huit ou neuf livres de trèfle nourrissent autant que dix livres de foin.

Des expériences faites avec soin par M. Boussingault, ont démontré que :

1.° Le trèfle en séchant, perd les trois quarts de son poids s'il a été coupé avant que ses fleurs commençassent à se sécher ;

2.° Le trèfle sec ne nourrit pas moins que le trèfle vert qui a pu le donner;

3.° Le trèfle en séjournant dans l'eau pendant deux heures reprend précisément l'eau qu'il a perdue en se séchant. Il n'est pas sensiblement plus nourrissant que le premier, mais s'il faut une heure pour manger le trèfle sec, il suffit de trois quarts d'heure pour manger le trèfle mouillé.

M. Vasse dans une série de questions a posé les problèmes qui, dans le département du Nord, restent à résoudre par la science agricole pour l'amélioration de la culture du trèfle. La Société de Douai s'est livrée dans sa séance du 3 juin 1849 à une discussion qu'elle a résumée ainsi :

1.° Les plantes ne sont souvent pas assez pressées, surtout dans les terres de bonne culture, riches d'ailleurs par leurs récoltes ;

2.° Les semis faits en automne pour corriger ce défaut exigent des circonstances particulières pour réussir souvent ; il leur faut un été humide, un hiver peu rude, un commencement de printemps sec et froid qui, frappant sur les plus hautes plantes, retarde leur développement, tandisque les plus faibles s'élèvent à l'abri de leurs aînées et deviennent capables de tenir leur place au soleil ;

3.° On ne connaît pas de plante qui puisse heureusement se marier au trèfle, pour venir occuper les vides laissés par une germination mal faite et étouffée ou produite par les gelées de l'hiver ou du printemps ;

4.° On n'a pas essayé d'une manière suivie le sarclage du trèfle, on ne sait rien sur son repiquage, quoique le repiquage d'une espèce voisine, celui de la luzerne ait eu ses proneurs et ses bons résultats pratiques dans quelques cantons ;

5.° On n'a pas essayé davantage le semis du trèfle entre les lignes des céréales. Tout porte à croire cependant que la jeune plante, fixée par ce moyen dans un sol soustrait, en partie du moins, à l'action épuisante des racines du blé, serait dans les meilleures conditions possibles pour prendre le premier développement si souvent contraire par l'abondance et la force de nos céréales. On se trouverait même bien, sans doute, d'en planter à la main entre les lignes par groupes de plusieurs graines.

Il est inutile de pousser plus loin le détail de nos désirs à propros du progrès agricole, en ce qui concerne la culture du trèfle, c'est assez pour montrer qu'il y a des expériences à organiser pour améliorer cette culture.

La commission décide que les expériences ne seront pas tentées par elle; elles lui paraissent trop étendues, elle les recommande aux bons succès de nos cultivateurs.

POMMES DE TERRE.

Instruction sur la culture des jeunes plantes de pommes de terre obtenues par le semis.

La graine se sème au commencement d'avril, sur une couche réchauffée de fumier de cheval frais; pour que les plantes soient assez espacées entr'elles afin qu'elles ne s'étiolent point et que leurs racines ne s'entortillent pas, il suffira de mêler la graine avec deux fois autant de sable fin, et ensuite de la semer à la vollée.

Comme cette graine germe fort lentement, il se passe 5 à 6 semaines jusqu'à ce que les plantes aient acquis la grandeur nécessaire pour être repiqués dans les champs.

Cette opération pourra se faire vers le milieu du mois de mai, c'est-à-dire à l'époque la plus propice, puisque alors on n'a plus rien à redouter de la gelée blanche.

Il en est autrement des pommes de terre de la variété précoce, qu'on plante de très bonne heure avec des tubercules; leurs feuilles, il est vrai, sont souvent frappées et détruites par les gelées blanches; ceci n'a, au fond, d'autre inconvénient que celui de retarder de 8 à 10 jours, leur maturité, le tubercule qui est en terre ne risque rien de cette gelée; mais comme la plante pousse de nouvelles feuilles, il en résulte un retard dans la végétation, et, par conséquent, un retard dans la maturation du fruit. Si, par contre, les jeunes plantes provenant de semis et n'ayant point de tubercules sont frappées par la gelée, toute la plante est perdue.

C'est pour cette raison qu'il est dangereux de repiquer trop tôt; il est, par conséquent, absolument nécessaire de bien choisir le temps pour faire le semis afin que les plantes puissent acquérir la grandeur voulue entre le 15 et le 30 mai.

Pour repiquer les plantes dans les champs, il ne faut pas se servir du plantoir, comme on le fait ordinairement pour les choux et autres plantes à racines pivotantes. Les jenues plantes de pommes de terre ont des racines traçantes très délicates; c'est pourquoi il vaut mieux opérer de la manière suivante :

On fait un trou avec la houe (la pioche), une autre personne qui suit, place deux ou trois plantes horizontalement dans le trou, et les recouvre de terre, qu'elle pulvérise un peu avec les doigts, en la tassant tant soit peu, avec la main, contre les plantes.

Cette opération va assez lentement; il ne faut donc point s'en effrayer, avec un peu de pratique, et surtout de bonne volonté, on vient à bout de tout, et la réussite est assurée.

Les plantes doivent être repiquées vers le soir, après que la chaleur a passé; encore ne faut-il jamais extraire de la couche plus de plantes qu'on ne croit pouvoir en replanter le même jour.

La meilleure manière de transporter les jeunes plantes au champ, en les conservant fraîches, c'est d'étendre un linge mouillé dans un panier, et de les y placer en les couvrant.

En suivant ces règles constatées par l'expérience, la réussite est assurée.

OTMANN, *père.*

NOTICE.

Sur le sel employé en agriculture pour favoriser la végétation.

La Société considérant les heureux effets de l'action du sel sur la végétation dans les localités où il est employé, a décidé, dans sa séance du 7 mars dernier, qu'une certaine quantité serait mise à la disposition de cultivateurs pour en expérimenter l'emploi dans ce département, où rien encore ne paraît avoir été essayé à ce sujet. Ces cultivateurs devront faire connaître les résultats qu'ils auront obtenus.

La Société a chargé, en même temps, l'un de ses membres de lui soumettre une notice sommaire sur la manière de se servir du sel et sur les résultats obtenus dans les localités où il est déjà en usage.

La notice suivante est tirée de la Maison rustique du 19.e siècle (1.er volume, page 77) et du Dictionnaire universel d'agriculture de l'institut, (11e volume, page 437); l'on pourra recourir à ces deux ouvrages pour renseignemens plus détaillés.

L'usage du sel en agriculture est bien ancien : les Hindous et les Chinois, en fécondent, depuis la plus haute antiquité, leurs champs et leurs jardins.

Dans des temps modernes les Anglais se sont beaucoup occupés de cette question, le chancelier Bacon a constaté, par ses expériences, l'emploi avantageux de l'eau salée en agriculture; plus tard d'autres expériences ont confirmé l'efficacité du sel sur la végétation, les Sociétés d'agriculture ont ouvert des concours, vérifié, approuvé et conseillé l'emploi du sel. Les fermiers du Cheshire attribuent l'abondance de leurs récoltes à des composts du sel impur des sécheries avec le sable de mer, la terre et le terreau.

La composition ordinaire des composts pour les prairies est de 20 voitures de terre et de 14 hectolitres de sel par hectare.

En Allemagne, où le sel est plus rare et plus cher, cette question a moins occupé ; cependant en Bavière, le roi a ordonné qu'on vendit à bas prix tout le sel employé en agriculture, soit pour les bestiaux, soit comme amendement.

En France, une foule de faits appuient, aussi, l'efficacité, sur certains sols, du sel comme amendement. La grande fécondité produite par les engrais de mer est, sans doute, souvent due aux sels qu'ils contiennent. L'usage du Morbihan d'arroser le fumier avec l'eau de mer ne s'est, probablement, établi que sur la preuve donnée par l'expérience de l'efficacité du sel allié au fumier.

Lorsque le sel n'est pas très abondant, il favorise la végétation et donne des produits d'excellente qualité ; les prés salés sont en réputation pour la quantité, la qualité de leur fourrage et l'engrais de leurs moutons. Lorsqu'à la suite des grandes marées qui envahissent souvent les pâturages de la Normandie les pluies viennent laver la surface et entrainer la trop grande quantité de sel, leur produit fournit un pâturage abondant et d'excellente qualité.

Aucun écrit ne démontre mieux cette action, ne précise mieux la quantité des doses nécessaires et la plupart des circonstances de leur emploi que les expériences de M. Lecoq, de Clermont, dont voici les résultats ;

Sur un champ d'orge en bonne terre franche, fumée l'année précédente, il a divisé un espace de 8 ares en 8 lots égaux ; sur les 6 premiers il a répandu, à la fin d'avril, des doses progressives de sel et il n'a rien mis sur les N.os 7 et 8.

Tableau des opérations et des résultats.

N.os	Doses du sel	Produit en grains.	
1	1|2	30	
2	3	29	1|2
3	5	33	
4	6	41	
5	9	35	
6	12	48	(1)
7	»	28	
8	»	31	

Le N.o 1.er qui n'avait reçu qu'une livre et demie, a différé peu de ceux qui n'ont rien reçu, le N.o 2 avait la paille plus longue, l'orge plus touffue ; le N.o 3 devenait encore meilleur ; N.o 4 végétation très vigoureuse, paille surpassant de dix pouces les N.os non salés et de 4 pouces ceux plus ou moins salés que lui, les épis étaient en outre plus gros, plus longs et plus fournis que lui ; N.o 5 inférieur au N.o 4, se rapprochant du N.o 2, mais plus élevé que lui ; N.o 6, la plus forte dose semble malade malgré son produit en grains assez fort ; sa paille n'est pas plus grande que celle des N.os non salés.

(1) *On remarquera, sans doute, que ce produit de 48 livres attribué au N.o 6, qui a reçu 12 livres de sel, n'est pas en rapport avec les observations de M. Lecoq, dans lesquelles ont lit que la dose la plus productive serait de 3 kil. par are. On remarquera, aussi, que le N.o 5 qui a reçu 9 livres de sel a donné un produit inférieur à celui du N.o 4 parce qu'il a été sans doute trop fortement dosé, à plus forte raison le produit du N.o 6, qui a reçu 12 livres de sel, doit être moindre que celui du N.o 4, ce qui indiquerait qu'il vaut mieux s'en tenir à l'observation de M. Lecoq, qu'au chiffre 48.*

Il résulte de ces expériences que la dose la plus productive pour l'orge serait de 3 kil. par are.

Cette expérience, avec les mêmes données, a été faite, en même temps, sur un champ de froment en sol un peu maigre, léger et élevé ; les résultats se sont montrés presque les mêmes, malgré les différences de sol, de position et de plantes ; cependant il y avait peu de différence entre les N.os 3 et 4 dont le 1.er avait reçu 4 livres 1|2 et le second 6 livres de sel par are.

La dose la plus convenable pour le froment serait donc au-dessous de 6 livres par are.

Sur un champ de luzerne divisé, de même, avec les mêmes doses et la même étendue on a eu les résultats suivants :

N.os	Doses du sel	Luzerne sèche.
1	1 1/2	87
2	3	131
3	5	102
4	6	75
5	9	62
6	12	48
7	»	85
8	»	85

On voit que l'effet peu sensible sur le N.o 1.er qui n'avait reçu qu'une livre et demie de sel, s'est élevé à son apogée sur le N.o 2 qui en a reçu 3 livres, pour aller en diminuant jusqu'au N.o 6, qui en a reçu 12 livres. Sur la deuxième coupe l'effet a été à peu près le même, cependant les pluies ont lavé les N.os où le sel était en excès, qui ont alors augmenté un peu en produit.

La dose la plus convenable pour les fourrages serait donc de 3 livres par are.

La proportion la plus productive pour les pommes de terre serait, comme pour les grains, de 6 livres par are.

A moins de très fortes doses, le sel produit peu d'effet sur les sols humides ; 6 livres de sel par are répandus sur un pré froid et un pré sec ont doublé le produit du dernier, et n'ont fait que changer la couleur du pré humide. Sur une avoine en terrain frais, l'effet a été très-peu sensible, tandisque la vigueur s'est beaucoup accrue sur une avoine en sol sec. Enfin, des lots pris sur un sol humide et tourbeux ont reçu, par are, 6, 12, 24 livres de sel, les deux premiers N.os avaient de l'avantage sur les parties non salées, et les deux derniers ont beaucoup plus produit que les autres.

L'amélioration de qualité dans le fourrage des prés humides est remarquable.

L'effet général du sel sur les récoltes de toute espèce, est sans doute, d'augmenter leur saveur, de les rendre plus agréables et plus nourrissantes pour les bestiaux dont la chair acquiert aussi plus de qualité et de saveur.

Le sel s'emploie en poudre et en dissolution.

De nombreuses expériences dans plusieurs cantons de l'Europe constatent l'efficacité du sel comme amendement, mais en même temps la difficulté de le doser convenablement.

En 1792, la Société d'agriculture de Paris a vu réussir le sel sur les terres des environs de la capitale. Celle de Marseille, où des essais ont été également faits en l'an 13 et 14, constate dans ses annales, tome 33, que le produit du blé semé sur le terrain où on a répandu du sel surpasse de beaucoup celui venu sur l'engrais ordinaire quoiqu'on eut fait répandre un excès de fumier sur cette dernière partie, dont le résultat a été de 15 pour 1 tandisque celui de la première a été de 17 pour 1.

Toutefois, il est peut-être utile de faire observer que MM. Rast, Maupas et Teyssier en France, Arthur Young en Angleterre n'ont obtenu aucun succès de leurs expériences.

M. Maurice, dans son traité des engrais, fait connaître que le sel a produit en Angleterre, comme en France, tantôt de bons, tantôt de mauvais résultats.

Dans un pays où on fait généralement usage du sel pour amendement, il est employé, tantôt en le semant avec le blé, tantôt en le combinant avec le fumier, surtout avec celui de vaches comme moins chaud; c'est sur les terrains humides et argileux qu'il produit de bons effets.

La proportion de sel qu'il convient de répandre dépend de la nature des terres. Ses résultats les plus avantageux se produisent sur les terres argileuses et sur les tourbes, deux sortes de terres humides et froides; il est, généralement, plus nuisible qu'utile sur les terres crayeuses et sablonneuses.

Le climat et le genre de cultures doivent, sans doute, être pris en considération.

On a reconnu que 300 kil. par hectare était un terme moyen convenable sur les terres argileuses.

Il est prudent que chaque cultivateur fasse des essais en petit avant d'employer le sel en grand à cause des nombreuses variations que présente le terrain sous le rapport de sa composition, de son exposition, etc.

POÉSIE PATOISE,

PAR M. l'abbé BALDIT, MEMBRE ORDINAIRE.

LOU REYNAL È LOU GARRI.

Un biel reynal, franc campagnard,
De l'éspèço la pus rusado,
E dé la prémieiro nisado,
Dins la berlo d'un roc expaousado al cagnar,
Coulabo douçomen la bido.
Coumo aquélo d'un priou, sa taoulo èro serbido.
Lou bespré, coumo lou mati,
Cado jour, al founs dé soun oûlo,
Aouriat troubat canar, ou poulo,
Perdisé ou rébeillo-mati.
Sabio faïré jouga la maïsso :
Atabé tout soun cors moufléjabo de graïsso.
A finta lou gibié n'èro pas paressous;
A péno espétabo l'aoubéto,
Dé tras lous rochs è lous bouissous,
Anabo, fasio la nabéto,
Espinchabo pértout è déssoubré è dessous,
Sé rabalabo sus l'hérbéto,
Désirous dé faïré sa cour,
Al sultan dé la basso-cour;
Obio dins soun sac à maliço,
Toutés lous tours d'un biel larroun.
Dabalét méns de moundé as bords dé l'Achéroun,
Dél téms dé Priam et d'Ulisso,
Qué lou biel è rusat escroc
N'abio rabit dé poplé à la gén galinieiro;
Car jamaï n'èro intrat dins sa négro tanieiro,
Sons pénja quicon à soun croc.
Sous uno lapinieiro, à l'abro d'uno sourço,
S'èro més à l'éspéro, un jour :

TRADUCTION.

LE RENARD ET LE CHAT.

Un vieux renard, vrai campagnard ;
De l'espèce la plus rusée,
Et de la mieux apparentée,
Dans le creux d'un rocher exposé aux rayons du soleil,
Coulait doucement la vie.
Comme celle d'un prieur, sa table était servie.
Le soir, comme le matin,
Chaque jour au fond de sa marmite,
Vous auriez trouvé canard, ou poule,
Perdrix, ou reveille-matin. (coq).
Il savait faire fonctionner la mâchoire ;
Aussi tout son corps rebondissait de graisse.
A épier le gibier, il n'était pas paresseux.
A peine l'aube commençait à poindre,
Derrière les rochers et les buissons,
Il allait, faisait la navette,
Il regardait partout et dessus et dessous,
Il se traînait sur l'herbe,
Désireux de faire sa cour
Au sultan de la basse-cour.
Il avait dans son sac à malice,
Tous les tours d'un vieux larron.
Il descendit moins de monde aux bords de l'Achéron,
Du temps de Priam et d'Ulisse,
Que le vieux et rusé escroc
N'avait ravi de peuple à la gent gallinacée :
Car jamais il n'entrait dans sa sombre tannière,
Sans suspendre quelque chose à son croc.
Sous une garenne, aux bords d'une source
Il s'était mis à l'affût, un jour :

Lou soulél obio fach presqué un tiers dé sa courso ;
E l'abidé fintairé, éspérabo toujour.
Coumo la férmijhéto èro acampairé è sobré ;
Malgré qu'aguessio al croc, per préné soun répas,
L'éspéro l'ennujabo pas,
Aïmabo à ménténé soun cobré.
È piei sobio bè qu'à la fi,
Ou l'ajudario pas la briso,
Al founs de soun bissac, toumbario floc ou briso,
Car séntio dé for luen soun reynal lou pu fi.
Un brouteirou couiffat d'un lon parel d'aoureillos,
Bolé diré un lapin, sons allounja lou tems,
Al pé de la paret tapissado dé treillos,
Sor lou nas, niflo l'aouro et l'oudou del printéms :
Sé met d'assétous soubré l'herbo.
Après qu'o penchinat sa téstéto superbo,
Faï dous sals, prén lou largé è soubré moun lapin,
Lou rusat paouso lou grapin ;
L'émporto è s'enfuch al pu bité,
Sous dous quinquéchs luséns, bracachs soubré soun gité.
Paouré ménut as bel quiala,
Toun cors jusqu'as oussechs, baï passa sous la molo,
Dé ta biandéto fresso et molo,
L'aloubit sé baï régala,
Al bor del carreirou, sé troubabo un gros garri,
Haïssé è rénous, coumo un biel charri,
Fénian, groumon, rusat è faous,
Chignar, è toujour présté à jouga de la griffo,
Mé surtout, habillé éscogriffo,
Bref. Obio toutes lous défaous.
La beillo, soubré un bruch, qué tout èro al partaché,
Lou coumunisto persounaché :
Dél roustit ma réstrech éngoulissio sa par,
Quond la mestro lou suto è prén quatré amélonchos,
E lourdomen caresso è lou trous è las onchos,
È la testo del galabar.
Lou laïré dins lou bos obio debançat l'aoubo.
Miraillabo al soulel, soubré las flous del thin,
Lous countours despléjachs de sa sédouso raoubo,
Quond lou reynal arribo. En bésén lou butin :
Bouo ! sou dis, bon jour fraïré, aïci, pér faïré festo,
Al déspens del paouré défun :
Tantos, sé Dious ou bouo, dinarén pas de fun.

Le soleil avait fait presque un tiers de sa course ;
Et l'avide guetteur attendait toujours.
Comme la fourmi, il était amasseur et sobre,
Malgré qu'il eût au croc, de quoi faire son repas,
L'affût ne l'ennuyait pas;
Il aimait à maintenir ses provisions.
Et puis, il savait bien qu'à la fin.
Où la brise ne le favoriserait pas,
Au fond de son bissac, il tomberait morceau, ou miette
Car il sentait de fort loin son renard le plus fin.
Un petit animal broutant coiffé d'une paire de longues oreilles,
Je veux dire un lapin, sans prolonger le temps,
Au pied du mur tapissé de treilles,
Montre le nez, aspire l'air et l'odeur du printemps.
Se met sur son séant sur l'herbe,
Après qu'il a peigné sa petite tête superbe,
Il fait deux sauts, prend le large et sur mon lapin
Le rusé met le grapin,
L'emporte et s'enfuit au plus vite,
Ses deux yeux luisants fixés sur son gîte.
Pauvre petit tu as beau glapir,
Ton corps jusques aux petits os, va passer sous la meule,
De ta viande fraîche et molle,
Le goulu va se régaler.
Aux bords du sentier se trouvait un gros matou
Hargneux et grogneur, comme un vieux char,
Fainéant, gourmand, rusé et faux.
Traître et toujours prêt à faire jouer la griffe.
Mais surtout habile escogriffe,
Bref. Il avait tous les défauts.
La veille, sur un bruit, que tout était au partage,
Le communiste personnage,
Du rôti mal serré avalait goulûment sa portion,
Quand la maîtresse arrive et prend quatre amelanches,
Et lourdement caresse et le dos et les hanches,
Et la tête du goinfre,
Le larron dans le bois avait devancé l'aurore.
Il étalait au soleil, sur les fleurs du thym,
Les contours déployés de sa soyeuse robe.
Quand le renard arrive. En voyant le butin,
Bon ! dit-il ; bon jour, frère, ici, pour faire fête,
Aux dépens du pauvre défunt.
Plus tard, si Dieu le veut, nous ne dinerons pas de fumée.

Quono bouono pénsado és béngudo à la testo
D'aquél qu'o prouclamat lou partaché dél bé !
La mitat del tiou mé rébé.
Béné doun partacha ta demoro è ta taoulo.
Lou reynal quinco pas uno soulo paraoulo,
Mé countugno sa routo, arribo à soun taoudis,
Paouso aqui soun lapin, sé rébiro è s'eilisso,
È mostro lou puat. — Escouto, sou li dis :
S'al mas t'an soulamen espoussat la pélisso,
You t'aourio léou blanchit la pel,
È sons lanceto è sons scalpel
Sé né balios gaïré la péno :
Senté qué lou rouget m'és mountat al bisou.
Fuch ! Tout éxcito en tu, lou mésprés è la héno,
È l'on perdrio soun téms à té parla résou.
Puisqué l'obro té put, baï péri dins un caïré,
Dé misèro è de patimén.
Toun espèço pérdro pas gaïré.
Estourdit d'aquél coumplimén,
Mitis lèbo l'arpo è délampo.
Sons binoclé, aouriat bis qué n'obio pas la crampo.

Troubarion pas tontés dé macountens,
Sé l'homé èro économé è saché,
È qué faguessio un bouon usaché
Dé sos éspargnos è del téms.
La groumandio, lou luxé, ambé l'horo paresso,
A méns de lous bani dél térrestré séjour,
Soun éstachs è séron toujour,
Lou gron choncré dé nostro éspèço.

Quelle bonne pensée a été conçue dans la tête
De celui qui a proclamé le partage du bien !
La moitié du tien me revient.
Je viens donc partager ta demeure et ta table.
Le renard ne dit pas une seule parole,
Mais, il continue sa route, arrive à son taudis,
Dépose son lapin; se retourne et se hérisse,
Et montre les dents. — Ecoute, lui dit-il:
Si au hameau, on t'a seulement brossé la fourrure,
Je t'aurais bientôt enlevé la peau,
Et sans lancette et sans scalpel,
Si tu en valais un peu la peine ;
Je sens que le rouge m'est monté à l'œil.
Fuis ! tout excite en toi le mépris et la haine,
Et l'on perdrait son temps à te parler raison.
Puisque l'ouvrage t'est en horreur, va mourir dans un coin:
De misère et de souffrance.
Ton espèce fera une petite perte.
Étourdi de ce compliment,
Mitis lève le pied et prend la fuite.
Vous auriez vu, sans binocle, qu'il n'avait pas la crampe.

Nous ne trouverions pas tant de mécontents,
Si l'homme était économe et sage,
Et qu'il fit un bon emploi
De ses économies et du temps.
La gourmandise, le luxe et la hideuse paresse,
A moins de les bannir du terrestre séjour,
Ont été et seront toujours,
Le grand chancre de notre espèce.

DISTRIBUTION DE GRAINES.

QUESTURE.

RÈGLEMENT INTÉRIEUR. (*Extrait.*)

« 1° Chaque année, la distribution de graines fourragères, potagères, oléagineuses et textiles, se fera à Mende, au domicile du Trésorier, pendant la première quinzaine de janvier.

« 2° Dans le N° du mois de novembre précédent, la liste de ces graines sera insérée.

« En conséquence, MM. les membres ordinaires et associés sont priés de choisir celles qui pourront être appropriées à la nature des terrains sur lesquels ils se proposent de faire leurs expériences, d'indiquer au Trésorier, par lettre affranchie, les graines qu'ils désirent et de les faire retirer dans la première quinzaine du mois de janvier suivant. Après ce délai, il en sera disposé. »

Cette année seulement, les graines oléagineuses se distribueront jusqu'à la fin d'avril.

Pour mettre à même les personnes qui en recevront, d'être dirigées dans leurs essais de culture, la Société a décidé d'extraire les notices suivantes du Bon Jardinier, publication d'un haut intérêt pour tous les horticulteurs.

Le Trésorier, membre du Comité de questure,

ROUS.

CHOU COLZA, *Brassica oleracea campestris.* Déci (Famille des Crucifères) C'est principalement pour l'huile que l'on retire de sa graine, et qui est un grand objet de commerce en Flandre, en Belgique, etc., que le colza est cultivé; mais il sert aussi comme fourrage. On peut dans cette vue, le transplanter aligné comme les autres choux verts, mais la meilleure manière me paraît être celle pratiquée par M. Yvart, et indiquée par lui dans son article *Succession de culture*, du cours d'agriculture de Déterville. Elle consiste à donner, immédiatement après la récolte des grains, un labour au chaume, soit avec une forte herse de fer, soit à la charrue, et à semer à la volée, sur ce guéret, la graine de colza, à raison de 8 à 10 livres par hectare. Le plant passe ordinairement l'hiver sans être endommagé; et, à la fin de cette saison, il fournit soit une pâture, soit du fourrage vert à donner à l'étable, l'un et l'autre précieux par l'époque où ils viennent. Tous les choux rustiques, et encore mieux le rutabaga et le chou-navet, peuvent être employés de cette manière, le principal avantage du colza, dans ce cas, est le bas prix de sa graine.

Culture du colza pour graine. La méthode ci-dessus n'est bonne que pour le cas où l'on veut tirer du colza un fourrage vert au printemps, la culture pour graine demande plus de soin. De la mi-juillet à la fin d'août, on sème, sur des planches bien préparées, la graine destinée à produire le plant; on sarcle et soigne celui-ci, et 6 à 8 semaines après, on le transplante en place dans un terrain également bien préparé et fumé, par rangées espacées d'un pied, et à même distance sur la ligne. On fait ainsi des planches de 13 rangs, laissant entre chacune et la suivante un intervalle de 2 à 3 pieds non planté, dont la terre, répandue plus tard avec la bêche entre les pieds de colza, sert à les rechausser. Si l'on préfère façonner les entre-deux des rangs avec la houe à cheval, on leur donne alors une distance d'environ 2 pieds. Il en est de même lorsque l'on veut semer en place et par rayons, méthode pratiquable et souvent bonne. Quelquefois aussi on sème le colza en place à la volée, et on le laisse venir sans culture; il serait mieux, néanmoins, dans ce cas, de l'éclaircir et de le biner. On peut encore, après l'avoir semé à la volée, le mettre en lignes, en faisant passer sur la pièce un extirpateur dont on a ôté la moitié des socs. Ceci s'applique au colza ordinaire ou d'hiver. Il en existe une variété de printemps, le COLZA DE MARS, qui, semée en mars et avril, mûrit sa graine dans l'été même, particularité remarquable pour un chou. Cette variété est beaucoup moins cultivée que l'autre, mais elle offre une ressource utile lorsque celle-ci a manqué. On la sème ordinairement en place. On ne doit pas attendre la maturité complète pour faire la récolte du colza, non plus, en général, que celle des plantes oléagineuses de la famille des crucifères; il faut prendre le moment où la majorité des cosses a passé à la couleur jaune; plus tard on risquerait de perdre beaucoup par l'égrainage.

NAVETTE, RABETTE, *Brassica-Napus sylvestris*. C. V. (Fam. des Crucifères.) La navette sert de fourrage, en la sèmant sur les chaumes après la moisson, à raison d'environ 20 livres par hectare, nous connaissons même des cultivateurs qui la préfèrent, pour cet usage, à la moutarde blanche; mais son principal emploi est comme graine oléagineuse. On la sème, dans ce cas, de la fin de juillet au commencement de septembre, sur une terre préparée par plusieurs labours, ordinairement à la volée, quelquefois en rayons; on bine, ou au moins on sarcle et l'on éclaircit le plant; l'été suivant on récolte la graine, lorsque la plus grande partie des cosses est jaune, c'est-à-dire, avant leur complète maturité, qui occasionerait un égrainement considérable. L'espèce qui se cultive ainsi est la navette *ordinaire* ou *d'hiver*. Il en existe une autre appelée *navette d'été* ou *quarantaine*. Elle ne se sème qu'au printemps et graine dans l'année même : elle est moins productive que celle d'hiver, mais elle présente l'avantage de remplacer les autres cultures oléagineuses, lorsque la rigueur de l'hiver ou quelque accident les a fait manquer. On sème, par hectare, environ 6 livres de celle d'hiver et 8 livres de celle d'été.

CAMELINE ou CAMOMILLE, *Maygrum sativum* L. (Fam. des Crucifères.) Plante oléagineuse. Elle se sème au printemps et peut l'être jusqu'en juin ; ce qui fait qu'on en tire souvent parti, pour remplacer les cultures printanières ou hivernales qui ont manqué. Son plus grand produit est dans les bonnes terres à blé, cependant elle vient assez bien sur les sols sablonneux et médiocres. On l'a sème d'ordinaire à la volée, et il est bon de la sarcler une fois. On la récolte quand les capsules jaunissent, et avec les précautions que demandent les espèces sujettes à s'égrainer. Dix livres peuvent ensemencer un hectare.

LIN, *Linum usitatissimum* L. (Fam. des Linées.) On cultive le lin pour la filasse que procure son écorce, et pour l'huile que l'on tire de sa graine, dans le midi de l'Europe, on l'emploie aussi quelquefois comme fourrage. Suivant le climat et l'usage qu'on veut en faire, on le sème plus ou moins dru, ordinairement au printemps, quelquefois en automne, auquel cas on doit employer la variété dite *Lin d'hiver*, spéciale pour cette saison, et cultivée en Anjou et en Bretagne. Les semis se font à la volée, dans une terre légère, très-meuble, préparée par de bons labours en tout sens, et amendée avec des engrais riches et consommés; enfin, disposée en planches bombées, s'il faut donner aux eaux la facilité de s'écouler. On herse ensuite et l'on passe le rouleau; quelques sarclages sont les seuls soins qu'exige le nouveau plant, tant que son peu d'élévation permet de les faire. Si l'on sème dru et en terre légère, on obtiendra de plus belle filasse : la graine sera plus abondante et meilleure si l'on sème clair en terre forte. On a, pour les divers cas, des variétés différentes connues sous le nom de *lin froid*, *lin chaud*, *lin de mars*, *de mai*, etc. La graine que l'on tire de Riga est généralement la plus estimée. On arrache le lin lorsque les tiges et les capsules ont pris une couleur jaune, et que les premières se dépouillent de leurs feuilles. On le met debout, en petits faisceaux liés par le sommet, pour le faire sécher : on sépare la graine le plus tôt possible après l'arrachage, soit en battant avec précautions les sommités des tiges, soit en les faisant passer entre les dents d'une espèce de râteau : les tiges se mettent ensuite à rouir, soit à l'eau, soit sur le pré. La quantité de graine employée varie suivant les diverses destinations des semis, le terrain, etc., entre 200 et 350 livres par hectare.

Lin vivace, *Linum perenne* L. On a proposé depuis longtemps, de cultiver, pour les usages économiques, cette espèce de lin, qui a le mérite d'être vivace et très-rustique ; je sais que beaucoup de personnes l'ont essayée, mais je ne connais pas assez les résultats obtenus, pour indiquer, avec quelque certitude, son mérite ou ses défauts. D'après ce que j'en ai observé moi-même, il paraît qu'il faut au lin vivace, comme au commun, une terre bonne et bien amendée, et qu'il doit être semé, quoique beaucoup moins dru que celui-ci, assez épais pour forcer les tiges à se dresser et à s'alonger ; car leur disposition naturelle est de s'incliner et de se ramifier à la hauteur d'un pied environ. L'essai de cette plante est assez intéressant pour être suivi, et surtout pour que les personnes qui l'on déjà fait, ou qui le feront par suite, en fassent connaître les résultats au public.

PAVOT, Olieтте ou Œillette, *Papaver somniferum* L. (Fam. des Papavéracées.) L'huile que l'on retire de la graine de pavot est un objet de consommation et de commerce considérable, et donne lieu à une culture étendue de cette plante dans plusieurs de nos départements du nord. On a longtemps accusé l'huile d'oliette d'être malfaisante, mais des épreuves authentiques ont constaté que cette supposition était sans aucun fondement, ce qui est, au reste, suffisamment démontré par l'immense consommation qui s'en fait en Allemagne, en Flandre et à Paris. Le pavot aime une terre douce et substantielle, il réussit particulièrement bien sur les trèfles et les luzernes défrichés, et mal après les avoines. On le sème ordinairement à la volée, depuis la fin de mars jusqu'en mai et même juin; dans le midi, on pourrait aussi le semer très-convenablement en septembre. La terre doit être parfaitement ameublie et préparée, et la graine, qui est très-fine, répandue avec soin et fort peu recouverte. On donne, à la binette, plusieurs façons, dont la première quand les plantes ont cinq à six feuilles; et la dernière quand elles commencent à monter en tige. En binant, on les éclaircit de manière qu'elles se trouvent espacées de 6 à 8 pouces, même davantage si la terre est très-bonne. Vers septembre, quand la maturité s'annonce par la couleur grise que prennent les têtes, on arrache les plantes; on les lie par poignées sans les incliner, et l'on réunit ces poignées debout, par petits faisceaux. On laisse ainsi la maturité et la dessiccation se parfaire; après quoi, par un beau temps, on bat dans le champ même, sur des draps ou des toiles. Cela se fait ordinairement en frappant deux poignées l'une contre l'autre, jusqu'à ce que toute la graine soit tombée, ce qui a lieu facilement au moyen des petites ouvertures dont la capsule est percée dans le haut. 4 à 5 livres de cette graine sèment un hectare.

On connaît, sous le nom d'Œillette aveugle, une variété à capsules fort grosses, et sans trous ou opercules; elle a, sous ce dernier rapport, le même avantage que le pavot blanc, qui est de ne pas laisser échapper ses graines. Cependant elle est moins cultivée et moins estimée dans les pays à culture de pavot que la race ordinaire.

PAVOT BLANC, *Papaver somniferum album*, C. V. Cette variété (ou peut-être espèce) est cultivée plus fréquemment pour ses têtes plus grosses, dont on fait usage en médecine, que pour sa graine. J'ignore si la préférence que l'on donne à l'oliette grise, sous ce dernier rapport, est fondée sur une comparaison bien approfondie; le pavot blanc me semblerait avoir certains avantages : par exemple, ses capsules plus grosses et fermées, qui n'exposent pas à la perte d'une partie de la graine, comme il arrive avec les capsules ouvertes du commun; sa graine, plus douce au goût, et qui semblerait promettre une huile plus fine. A la vérité, la plante est moins ramifiée que l'autre, et produit moins de têtes; mais c'est seulement un sujet d'essai que j'indique, on balancerait, dans cette comparaison, les avantages et les inconvéniens respectifs. Les capsules vertes de ces deux espèces de pavots, incisées sur pied, fournissent l'*opium*. On a constaté, par des épreuves, que celui de France égale en qualité celui du levant.

MADIA DU CHILI (*Madia sativa*). D.C. (composées), plante cultivée au Chili pour sa graine, qui fournit une huile bonne à manger, elle a été introduite et propagée, il y a quelques années, en Allemagne, d'où elle a passé en France. Le madia se recommande par la rapidité de sa croissance, par sa rusticité et par son produit, qui égale ou dépasse celui de la plupart des oléifères de printemps, son huile, d'une saveur qui ne plait pas à tout le monde, est très mangeable et, d'après M. Braconnet, propre à la plupart des usages économiques, comme le foulage des draps, la fabrication du savon, etc.

Le madia veut être semé en place, les plantes repiquées sont toujours restées chétives dans les essais que nous avons faits de ce mode de culture. Il paraît être peu difficile sur la qualité du terrain, cependant la profondeur du sol paraît être une condition essentielle pour sa réussite complète. On peut le semer depuis la mi-mars jusqu'à la fin de mai, et même au commencement de juin, si la terre est assez humide pour faire lever promptement la graine. Dans des semis comparatifs faits de dix en dix jours, les semis d'avril et de mai nous ont donné des meilleurs produits que ceux faits plus tôt ou plus tard.

Un semis en lignes espacées de 0 m 40 c. les plantes se trouvant de 0 m 12 c. à 0 m 15 par le rang, distance qui nous a paru la plus convenable si l'on doit donner les façons à main, emploie 12 kil. de graine à l'hectare. Si l'on semait à la volée, ce qui peut très bien se faire dans une terre propre et bien préparée, il en faudrait environ 15 kil.

La maturité se reconnaît à la teinte grise que prennent les graines; il est bon de la laisser achever jusqu'à celle des têtes secondaires, la plante ne s'égrénant pas ou fort peu tant qu'elle reste debout. Pour récolter, nous avons arraché, puis laissé javeler en andains pendant cinq ou six jours, et ensuite battu au fléau.

Un inconvénient de cette plante est l'odeur très forte et désagréable qu'elle exhale, et qui, dans quelques localités, a fait repousser d'abord sa culture. Cette particularité devient tout-à-fait un avantage en ce qu'aucun insecte n'attaque la plante, et que même le suc visqueux dont elle est enduite englue et fait périr les téquets qui se posent sur ses feuilles.

Les tiges sèches conservent en partie cette odeur, cependant les moutons s'en accommodent très bien. Cette observation importante, qui ajoute beaucoup au mérite du madia, est due à M. de Saineville, agriculteur des environs de Château-Renard (Loiret), dans l'hiver 1841—42, il en a fait manger plusieurs centaines de bottes à ses moutons, qui en ont été très bien nourris.

Le madia sera probablement une très bonne plante à enfouir, c'est avec grand intérêt que nous avons su d'un habile agriculteur, M. Goetz, maître de poste de Saverne, qu'il en faisait l'essai dans cette vue; des essais du même genre faits dans les montagnes des environs de St-Etienne, ont démontré que la paille enterrée après l'enlèvement des graines forme un excellent amendement, nous devons ce renseignement à l'obligeance de M. Locard Denoel, secrétaire de la Société industrielle et agricole de St-Etienne.

ENGRAIS.

Le *Guano français*. - C'est ainsi que M. Didieu appelle un engrais de sa composition, qu'il compare au véritable guano. Voici la manière d'opérer de cet agriculteur, aussi désintéressé qu'intelligent, et qui, en livrant au public sa découverte, n'ambitionne d'autre récompense que de la voir amener partout les heureux résultats qu'il en a lui-même obtenus. Il prend le fumier sortant des étables, l'étend en couches et le saupoudre avec 25 livres de plâtre cuit en poudre pour 2,500 kilo. de fumier; il continue ainsi de couches en couches jusqu'à ce que la pyramide soit assez élevée. Il en commence alors une autre, car il entend employer ainsi tout le fumier de la ferme à mesure qu'il est produit. Deux mois après, le fumier est transformé en guano.

Voici maintenant ce qui se passe durant cette transformation :

Le fumier étant saupoudré avec la quantité de plâtre désignée ci-dessus, l'ammoniaque provenant de la décomposition des matières animales et végétales se combine avec l'acide sulfurique qui entre dans la composition du plâtre, et il se forme un sulfate d'ammoniaque, sel non volatil, qui reste mélangé au fumier et qui est reconnu comme un des plus puissants engrais. La chaux, de son côté, se combine avec de l'acide carbonique.

Les résultats obtenus sont une augmentation d'un tiers dans la récolte des céréales, paille et grain, de sorte que la production de cet engrais devient avantageux, même pour les localités où le plâtre serait fort cher.

(*Extrait du Moniteur du* 8 *juin* 1846, *page* 2016, 1.re *col.*)

Mende, imprimerie de J. J. M. Ignon.

SOCIÉTÉ

D'AGRICULTURE, INDUSTRIE, SCIENCES ET ARTS

DU DÉPARTEMENT DE LA LOZÈRE.

BULLETIN D'AVRIL 1850.

Séance du 4 avril 1850.

PRÉSIDENCE DE M. DE THILORIER.

Etaient présents MM. Ignon (J. J. M.), Rous, de Ligonnès, Chevalier, D. M., Barbot, D. M., de Chapelain, l'abbé Baldit, Bon, juge, Vachin, juge de paix, Bécamel, maire, de Lescure (Edmond), Laurens (Paulin), l'abbé Gaillardon, l'abbé de Charaix, de Lescure (Ernest).

Le procès-verbal de la séance précédente est lu et adopté.

Le secrétaire perpétuel donne lecture des lettres d'adhésion, adressées à M. le Président, par plusieurs membres du Conseil général et par divers membres qui font partie de la Société, comme correspondants ; la Société les admet unanimement au titre pour lequel ils ont opté, ainsi qu'il suit :

1° Membres ordinaires résidant hors du chef-lieu.

MM. Laporte de Belviala, membre du Conseil général, à Grandrieu;

D'Espinassoux (Achille), id. à Marvejols;

Daudé, id. à St-Germain-de-Calberte;

De Colombet, id à Langogne;

MM. Grousset, membre du Conseil général à Marvejols;
De Framond, id. propriétaire à Nasbinals;
Balmelle (Am.), id. à Villefort;
Teissonnière (Camille), id. à Florac;
Brun de Villeret, id. au Malzieu;
De Larochenégly, maire à Auxillac;
Belviala (Casimir), membre du Conseil d'arrondissement à Langogne;
Desmolles, propriétaire à Langogne;
Paradan (Eugène), maire à la Canourgue.

2° Membres associés.

MM. Bonnet, membre du Conseil général à Châteauneuf;
Portal, id. notaire et maire à Aumont;
Chevalier, aîné, à la Bessière, commune de Saint-Julien-du-Tournel;
Ferrand, notaire au Bleymard;
Monteil-Charpal (Alphonse), procureur de la République à Florac;
Masimbert, juge de paix à Villefort;
D'Hombres (Charles), propriétaire à Alais;
De Monseignat, id. à Rodez.

Il est procédé ensuite, au scrutin individuel, à la nomination de membres proposés dans la précédente séance. Sont admis :

1° Membres ordinaires résidant au chef-lieu.

MM. Chevalier, propriétaire, juge au tribunal de Mende,
Jaffard (Justin), représentant.

2° Membres ordinaires résidant hors du chef-lieu.

MM. Tuffier (Théodore), percepteur à Aumont,
Oziol, vétérinaire à Florac.

3° Membres associés.

MM. Lacoste, président du tribunal civil à Marvejols;
Boiral, agent-voyer à Florac;
Baffie. (Etienne), propriétaire à la Panouse.

4° Membres correspondants.

MM. Monicat, ancien principal du collége de Mende, à Moulins.

Chas (Julien), à Langeac (Haute-Loire).

Le secrétaire perpétuel continue ensuite la communication de la correspondance qui présente les objets suivants :

Lettre de M. le Ministre de l'agriculture et du commerce, en date du 16 mars 1849, qui annonce qu'il a accordé, cette année, à la Société, à titre de subvention pour encouragements à l'agriculture, une somme de mille francs qui devra être employée ainsi qu'il suit, savoir :

Encouragement aux cultures de fourrages et de racines	200
Achat et distribution de graines fourragères	200
Achat de taureaux à condition de revendre	250
Achat de béliers à condition de revendre	150
Encouragement aux serviteurs ruraux	200
Total	1000

Lettre du même Ministre, en date du 23 mars, qui donne avis de l'envoi de 10 kilogrammes de graines de pin Laricio, de Corse, et joint à sa lettre 5 exemplaires d'une note sur la culture et les usages de cet arbre.

Lettre de M. le Préfet de la Lozère, en date du 30 mars, qui transmet une circulaire du même Ministre qui soumet diverses questions concernant la substitutiou du poids à la mesure dans la vente des grains sur les marchés, et demande que la Société soit consultée pour fournir des renseignements et donner son avis à ce sujet.

Pour traiter ces questions, sur la demande de la Société, M. le Président nomme une commission composée de

MM. Vachin, juge de paix ;

De Chapelain (Octave) ;

Chevalier, docteur médecin.

Une autre commission, composée du comité de questure et de MM. Laurens, aîné, et Ernest de Lescure, est chargée des mesures à prendre et du programme à rédiger concernant l'emploi de la subvention de mille francs accordée par M. le Ministre de l'agriculture et du commerce.

Lettre de M. le Préfet, en date du 2 avril qui envoie à la Société un exemplaire du procès-verbal du Conseil général, session de 1849, et demande diverses publications de la Société.

Il est voté des remercîments à M. le Préfet, et le comité de questure est chargé d'adresser au premier magistrat du département les publications réclamées.

Lettre du secrétaire de la Société d'histoire et d'archéologie de Chalon sur Saône, en date du 10 mars 1850, qui envoie le 1er volume des mémoires de cette compagnie et invite la Société à entrer avec elle en relations suivies d'échanges.

Journal du lycée des arts, sciences, belles-lettres, et industrie de Paris, tom. 1er (janvier 1850);

Bulletin de l'Athénée du Beauvaisis — 2e semestre 1849;

Mémoires de la Société des sciences, lettres et arts de Nancy — 1848;

Séances des travaux de l'académie de Reims (janvier et février 1850);

Revue britannique (livraisons de janvier, février et mars 1850).

M. Rous annonce que la questure a reçu un ballot contenant les publications que M. le Ministre de l'agriculture et du commerce à bien voulu accorder à la Société. Ces livres ont été déposés à la bibliothèque, en voici la liste :

Abrégé sur la culture de l'olivier, par Bompard, vol. in-4.°, 1842.

L'Agriculture allemande (de), par Roger, 1 vol. gr. in-8.°, 1847.

Agriculture française, par les inspecteurs de l'agriculture, 7 vol. in-8.° ; départements de la Haute-Garonne, du Nord, des Hautes-Pyrénées, de l'Isère, des Côtes-du-Nord, du Tarn et de l'Aude.

Agriculture raisonnée (l') ou manuel du cultivateur, par labbé Picard, 1 vol. in-12.

Amélioration des diverses races d'animaux, par Sauzeau, 1 vol. in-8.°, 1846.

Ampélographie universelle, par Odart, 1 vol. in-8.°.

Annales agricoles de Roville, par Mathieu de Dombasle, 8 vol. in-8.o, 8 livraisons et un vol. de supplément.

Annales des haras et de l'agriculture, 3 vol. in-8.°, 1845, 46, 47.

Avantages de la réunion territoriale, par L Gossin, 1 vol. in-18, 1841.

Catéchisme de chimie et de géologie, par André, 1 vol. in-18, 1847.

Colonisation et **Agriculture** de l'Algérie, par Moll, 2 vol. in-8.°, 1845.

Compte-rendu des opérations du concours d'animaux de boucherie à Poissy, Lyon, Bordeaux, vol. gr. in-8.°, 1849.

Cours d'agriculture par le c.[te] Gasparin, 1 vol. grand in-8.°, 1848.

Cours d'agriculture théorique et pratique par E. Jamet, 1 vol in-12, 1846.

Cours d'horticulture, par Poiteau, tome 1.er, 1 vol. in-8.o, 1848.

Culture du mûrier (de la), par Boyer et G. Labaume, 1 vol. in-8.o, 1847.

Dialogues populaires sur le droit rural par J. de Valserres, 1 vol. in-13, 1848.

Économie politique, par Mathieu de Dombasle, 1 vol. in-8.°, 1843.

Études hippalogiques, par E. Gayot, 2. vol. in-8.°, 1846, 47.

Exposé des résultats obtenus à Marolles par l'emploi du noir animal. 1 brochure 1849.

Flore des jardins, par Seringe, 3 vol. in-8.°, 1845, 47, 49.

Guide des comices et des propriétaires, broch., 1843.

Guide des propriétaires de biens soumis au métayage, par le c.te Gasparin. 1 vol. in-8.°, 1847.

Histoire de la maladie des pommes de terre en 1845, par Decaisne, 1 vol. in-8.°, 1846.

Institutions de crédit foncier en Allemagne et en Belgique, par Roger, 1 vol. grand in-8.o, 1845.

Instruction sur la pleuro-pneumonie des bêtes bovines par Lafond, 1 vol. in-8.°, 1840.

Irrigations (des), par Alp. de P., 1 vol. in-8.o, 1844.

Manuel de l'agriculteur commençant, par Schwerz, traduit par Charles et Félix Villeroy, 1 vol. in-12.

Manuel élémentaire du cultivat. alsacien, v. in-8.° 1842

Manuel de l'éleveur de bêtes à cornes, par Villefroy, 1 vol. in-12.

Manuel Populaire d'agriculture, par Schlipf, traduit de l'allemand, par N. Nicklès, 1 vol. in-8.°, 1844.

Notes économiques sur l'administration des richesses et la statistique agricole de la France, par Roger, 1 v. in-folio, 1843.

Notice sur la castration des vaches, par Morin. Brochure, 1845.

Normandie agricole (la), journal d'agriculture pratique, tome 4, 12 livraisons; tome 5, 9 livraisons. 1846-47. — 1847-48.

Petit agriculteur (le), par Seringe, 1 v. in-18, 1841.

Pratique des semailles à la volée, par Pichat, 1 vol. in-8.o, 1845.

Premiers éléments d'agriculture, par L. Beutz, 1 vol. in-18, 1845.

Race bovine (de la), courte corne, race de Durham, par Lefèvre Ste-Marie, 1 vol. grand in-8.o, 1849.

Rapport au ministre sur l'état de la production des bestiaux, par Moll, 1 vol. grand in-8.o, 1842.

Rapport général sur les questions relatives à la domestication et à la naturalisation des animaux utiles, par Geoffroy St-Hilaire, vol. in-4.°, 1849.

Statistique agricole générale du Finistère, par Éléonet, 1 vol. in-4.o, 1849.

Statistique de l'agriculture de la France, par Moreau de Jonnès, 1 vol. grand in-8.°, 1848.

Technologie des engrais de l'Ouest de la France, par Moride et Lobierre, 1 vol. in-8.o, 1848.

Traité des amendements et des engrais, par Joigneaux, 1 vol. in-18, 1848.

Traité complet de vinification, par Machard, 1 vol. in-8.o, 1845.

Traité et petit traité de comptabilité agricole, par de Granges de Lancy, 2 vol. in-8.°.

Traité de la culture du mûrier, par Charrel, 1. v. in-8.°.

Traité des magnaneries, par Charrel, 1 v. in-8.o, 1848.

Traité sur la maladie de sang des bêtes bovines, par Lafond, 1 vol. in-8.°, 1848.

Types choisis de taureaux, vaches, à la vacherie nationale du Pin.

M. de Ligonnès, au nom de la commission nommée dans la précédente séance, présente les réponses à faire, en ce qui concerne le département, aux questions posées dans le programme adressé à la Société par M. le président de la commission nommée par l'Assemblée nationale, pour procéder à l'enquête sur les boissons. — La Société approuve ce travail dont expédition sera transmise à M. le président de la commission de l'assemblée, et arrête qu'il sera inséré dans son Bulletin.

RÉPONSES

AUX QUESTIONS POSÉES PAR LA COMMISSION D'ENQUÊTE

SUR LES BOISSONS.

Les produits de la vigne, dans la Lozère sont peu importants : elle n'est cultivée que dans 38 communes situées dans les parties les moins élevées du département, et toutes éloignées du chef-lieu, siége de la Société d'Agriculture. Cet éloignement des lieux de production ne nous a pas permis de répondre d'une manière précise à toutes les questions posées par la commission d'enquête, et nous avons préféré laisser une partie de ces questions sans solution, plutôt que de donner des renseignements inexacts.

QUESTIONS.	RÉPONSES.
1.° Quelle est l'étendue actuelle des superficies plantées en vignes dans le département?	L'étendue des vignes dans le département est de 826 hectares 48 c.
3.° Y a-t-il eu accroissement ou diminution dans la plantation des arbres à cidre, etc. ?	On ne fabrique pas de cidre dans la Lozère.
4.° Les cultures en vignes ont-elles subi des déplacements? Par quelle cause et quelle proportion, etc. ?	Cette culture n'a pas subi de déplacements.
8.° Quelle est, en moyenne, la quantité d'hectolitres de cidre produits annuellement dans le département?	On ne fabrique pas de cidre dans la Lozère.
9.° Quel est le prix actuel et moyen d'un hectare de vi-	Le revenu actuel et moyen d'un hectare de vignes, sans

gnes dans les crûs les plus productifs, dans les crûs ordinaires, et les crûs les moins féconds ?

Quel était ce prix en 1788, 1800, 1810, 1820 et 1830 ?

Quel est le rapport de ces prix avec ceux des autres propriétés rurales, prés, terres, et bois, aux époques correspondantes ?

distinction de classes est de 44 fr. 27 c.

Le prix moyen d'un hectare de vignes, sans distinction de classes est de 1475 fr.

Le revenu moyen de l'hectare de vignes de 1.re classe est de 77 fr. 25 c.

Le prix moyen de l'hectare de vignes de 1.re classe est de 2575 fr.

Le revenu moyen des terres labourables de 1.re classe dans les communes qui possèdent des vignes est de 100 fr. 44 c.

Le prix moyen des terres labourables de 1.re classe est de 3,348 fr.

Le revenu par hectare a été porté aux chiffres ci-dessus, après déduction du 5.e pour les cas fortuits.

Le prix de ces mêmes hectares a été fixé en évaluant le revenu à 3 p. 0/0.

18.° Y a-t-il des fabrications domestiques d'alcool dans le département ?

Il n'y a pas de fabrication d'alcool dans le département.

20. Quelles sont les quantités de vin et d'alcool restant au 1.er janvier 1850, chez les marchands en gros ?

Il restait chez les marchands en gros au 31 décembre 1849, 1154 hect. vin, et 9 hect. alcool,

25.° Quelles plaintes suscitent l'existence et les moyens de perception des droits sur les boissons ?

L'existence et les moyens de perception des droits sur les boissons n'excitent pas de plaintes graves.

26.° Quels sont parmi ces droits ceux dont la population se plaint davantage ?

Le droit d'entrée n'est perçu qu'à Mende et à Marvejols : il est assez modéré pour que le prix moyen des vins ne soit pas sensiblement plus élevé dans ces villes qu'à le campagne, à cause de la concurrence des nombreux marchands et débitants.

28.° Y a-t-il beaucoup de fraudes commises, soit à l'occasion de la circulation, soit par les débitants sur le droit de détail ?

L'administration des contributions indirectes signale quelques introductions en fraude sur les confins de la Lozère, limitrophes de départements producteurs ; ainsi que la fraude d'une partie des droits de circulation, en réclamant des congés à destination, de l'Aveyron, de l'Ardèche et de la Haute-Loire, qui sont de 1.re et de 2.e classe, et en plaçant ces vins dans la Lozère qui est de 3.e classe.

29.° Quels sont les moyens employés par ceux des débitants suspects de fraude, pour se soustraire au paiement d'une partie des droits de détail ?

Les débitants fraudeurs déposent, pour la plus part leurs vins dans des caves louées au nom de tiers. D'autres, en plus petit nombre, pratiquent des cachettes dans

	leurs domiciles, ou opèrent des remplissages au fur et à mesure de la vente.
30.° Quelles sont les diverses falsifications que la fraude fait subir aux boissons ?	On ne signale ni falsification ni sophistication proprement dite. La presque totalité des vins consommés dans le pays sont des vins communs.
31.° Qelles sont les quantités présumées sur lesquelles portent ces falsifications ?	Même réponse.
32.° Quelle est la quantité d'alcool introduite artificiellement dans les vins, nécessaire pour les faire parvenir, sans détérioration, à leur destination ?	Il parvient dans la Lozère des vins du Languedoc très-alcooliques qui servent quelque fois à corriger les vins plus faibles d'autres départements, ou ceux, plus acides récoltés dans le pays.

Une commission composée des membres du comité de questure et de

MM. Laurens, aîné,
Ernest de Lescure,

Est chargée des mesures à prendre et des programmes à rédiger concernant l'emploi de la subvention de mille francs accordée par M. le Ministre de l'agriculture et du commerce.

Séance extraordinaire du 13 avril 1850.

PRÉSIDENCE DE M. DE THILORIER.

Étaient présents MM. Rous, de Ligonnès, Chevalier (Louis), Barbot, Charpal (Odilon), Laurens, aîné, Paradan (Frédéric), Laurens (Paulin), l'abbé Gaillardon, Second, de Corsac et de Lescure (Ernest), membres ordinaires.

Étaient aussi présents MM. De Chapelain (Joseph) et Baffie (Etienne), membres associés.

La réunion a pour but de régler les dispositions à prendre pour l'emploi de la subvention accordée par M. le Ministre de l'Agriculture et du commerce. Après avoir entendu le rapport fait par M. Laurens, aîné, au nom de la commission chargée de l'examen de cette affaire et les observations présentées par divers membres, la Société arrête, pour être immédiatement publié, le programme suivant :

Amélioration des espèces bovine et ovine.

1. Les éleveurs du département de la Lozère sont prévenus que la Société d'Agriculture vendra aux enchères :

1.° Deux paires de beaux taureaux, âgés de 2 ans et provenant de la race de Salers, (Cantal) ;

2.° Six béliers d'une belle race étrangère au département.

2. Les acquéreurs des taureaux s'obligeront à les consacrer à la monte de 1850, à élever les produits qu'ils en obtiendront, à faire saillir gratuitement les vaches qui leur seront présentées, pendant les mois de mai, juin, juillet, août et septembre 1850, à les garder comme bœufs pendant 2 ans au moins et à rendre compte à la Société des résultats qu'ils constateront.

Ils pourront, toutefois, refuser la monte, lorsqu'il y aura des appréhensions légitimes d'épizootie ou lorsqu'il sera présenté un trop grand nombre de vaches dans la même journée.

3. Les acquéreurs des béliers s'obligeront également à les consacrer à la monte de 1850, 1851, 1852, à élever les produits qu'ils en obtiendront et à rendre compte à la Société des résultats qu'ils constateront.

4. Pour être admis à faire des offres il faut être propriétaire ou fermier éleveur dans le département, possesseur, s'il s'agit des taureaux, d'au moins 4 vaches laitières, et, s'il s'agit des béliers, possesseur d'au moins 50 brebis portières ;

5. Les propriétaires ou fermiers qui voudront prendre part aux enchères sont invités à en faire la demande avant le 25 avril courant, par lettre affranchie au président de la Société, qui les informera, en temps utile, du lieu, du jour et de l'heures de la vente.

Récompenses aux serviteurs ruraux.

6. Il sera distribué 9 médailles de bronze, accompagnées d'un prix de 15 à 25 francs ; aux serviteurs ruraux, hommes ou femmes, qui ayant toujours mené une conduite irréprochable, se sont le plus distingués par de bons services, des soins intelligens, un dévouement rare etc., etc.

7. Pour être admis à concourir il faut avoir servi sans interruption au moins 10 ans chez le même maître.

8. Les demandes seront formées par les maîtres, appuyées de certificats de l'autorité locale et accompagnées d'une notice, dont le modèle sera fourni par le président de la Société à ceux qui le réclameront et dans laquelle on consignera tous les détails nécessaires pour faire apprécier le mérite du candidat.

Elles devront parvenir franches de port au président de la Société, avant le 1er. juillet prochain.

Jusqu'à présent les encouragements aux cultures de fourrages n'ont produit aucun heureux résultat. Il semblerait préférable d'employer l'allocation de 200 fr. qui leur est affectée à augmenter celle, de pareille somme, des graines fourragères, afin de pouvoir acheter une plus grande quantité de ces graines, que les cultivateurs n'ont généralement pas le moyen de se procurer. Ce changement de destination sera, en conséquence, demandé à M. le Ministre.

La Société confie à M. Baffie, qui l'accepte, la mission d'aller faire à Salers même l'acquisition des taureaux. Elle ajourne encore l'achat des béliers, pour prendre à ce sujet des renseignements dont elle a besoin.

Autorisation est donnée au trésorier de mettre à la disposition de M. Baffie la somme présumée nécessaire pour le prix des taureaux, et d'acquitter les frais des médailles.

EXTRAIT

Du rapport sur le système Guenon, pour connaître les vaches laitières, par M. Thibault, *élève de Grignon, membre titulaire de la Société industrielle d'Angers.*

(Bulletin de cette Société, année 1849, page 97.)

Il y a quelques années un cultivateur de Libourne, M. François Guenon publia un ouvrage intitulé : *Traité des Vaches laitières*, pour connaître à la seule inspection de l'animal, quelle quantité de lait une vache quelconque peut donner par jour ; quelle est la qualité du lait, combien de temps la vache le maintiendra pendant la gestation (portée nouvelle).

Exposé des motifs.

Les signes qu'indique M. Guenon reposent sur la présence du poil remontant, qui se trouve au milieu du poil descendant, situé entre le pis et la vulve, (orifice extérieur du vagin), le poil montant différant du second (du poil descendant) par sa plus grande finesse, son état ras, son aspect soyeux ; c'est lui qui constitue, ce que l'auteur appelle gravure ou écusson.

Pour résumer les diverses observations de M. Guenon, les caractères que devraient présenter une vache pour être bonne sont les suivants :

Être de haute taille, de bonne race, avoir la peau du pis très fine, couverte de poil soyeux, ras et peu abondants, les veines mammaires très contournées et bifurquées, c'est-à-dire se diviser en 2, avoir 4 trayons (bout de pis), bien distanciés, l'émalure ainsi que les extrémités fines, les cornes effilées, les pis de la couleur indienne, une teinte sui-generis jaunâtre, parsemée de taches noirâtres qui se trouvent sur la peau de quelques vaches depuis le dessous du pis jusqu'à la cavité pelvienne, (terme qui a rapport au bassin); on ne saurait trop s'attacher à ce caractère, enfin l'auteur désigne sous le nom de *son* une poussière de couleur jaunâtre que l'on peut aisément détacher de la peau avec l'ongle, sur toute l'étendue de l'écusson.

Ces définitions établies, il sera facile de suivre M. Guenon dans ses investigations.

Il regarde comme étant les meilleures vaches, celles dont l'écusson est formé du poil le plus fin, surtout si elles ont la couleur indienne et que l'on puisse détacher le son de la peau; il ajoute : celles en qui ces marques s'étendent jusqu'au panache du bout de la queue et d'où tombe une poussière jaune donneront un lait gras et butireux.

Toutes les vaches dont la peau de l'écusson est unie, blanche, le pis couvert d'un poil clair semé et le contre-poil allongé donneront un lait séreux et maigre; celles dont le pis est couvert d'un poil court et fourré, qui se trouve dans le pis du contre-poil de l'écusson, donneront un lait gras et bon.

RÈGLEMENT

De la Société d'Agriculture, Industrie, Sciences et Arts du département de la Lozère.

(Le projet des modifications à apporter au Règlement de la Société, après avoir été adopté dans la séance du 10 janvier 1850, fut transmis en expédition à M. le Préfet pour être soumis à l'approbation de l'autorité supérieure, qui en a fait le renvoi sans observation ; en conséquence, la Société a arrêté qu'il serait inséré dans son bulletin pour le porter à la connaissance de tous les membres de la compagnie.)

ART. 1er La Société, fondée à Mende le 25 novembre 1819 et constituée le 14 janvier 1820, se reconstitue sous le titre de Société d'Agriculture, Industrie, Sciences et Arts du département de la Lozère : le siège de la Société est à Mende.

De la composition de la société.

ART. 2 La Société se compose, de membres ordinaires, de membres honoraires, de membres associés et de membres correspondants.

Des membres ordinaires.

ART. 3 Les membres ordinaires sont au nombre fixe de 60, dont la moitié sera prise parmi les personnes qui résident une grande partie de l'année à Mende, afin d'assurer la tenue des séances; l'autre moitié sera prise dans tout le département.

Tout membre ordinaire ou associé, qui aura cessé de résider dans le département pourra, par une délibération de la Société, être transféré dans la classe des correspondants.

ART. 4. Les membres ordinaires représentent la Société et agissent pour elle.

Ils discutent toutes les questions qui sont dans ses attributions.

Ils doivent à la Société le tribut de leurs lumières et de leur expérience.

Leur devoir est de faire à la Société toutes les communications et toutes les propositions qui peuvent l'intéresser.

Les questions religieuses et politiques leur sont expressément interdites.

Des membres honoraires.

ART. 5. Le titre honoraire de Président, vice-président et membre de la société, peut être décerné, au scrutin secret, comme hommage aux personnes qui se sont distinguées soit dans de hautes positions, soit par de grandes vertus ou de belles actions qui se rattachent au département.

Il peut aussi être accordé dans les mêmes formes comme récompenses pour de longs services rendus à la Lozère ou à la Société, ou comme retraite à des membres autrefois utiles et actuellement vieux, infirmes ou absents.

Ils ont tous les droits des membres ordinaires, sans être assujettis à aucune obligation.

Ils ne sont pas convoqués aux séances, mais quand ils veulent y assister ils ont voix délibérative.

Ils sont en nombre illimité.

Des membres associés.

ART. 6. Les membres associés doivent résider dans le département, ils ont droit de recevoir les publications de la Société, ils reçoivent aussi une part des graines, plantes et arbres qui sont distribués dans le but de fournir de nouveaux éléments à la culture du pays.

Leur nombre est illimité.

ART. 7. Les membres associés peuvent assister aux séances avec voix consultative seulement.

Ils peuvent être désignés pour faire partie des jurys chargés de distribuer les primes et les prix dans les concours agricoles.

Art. 8. Ils sont invités à rendre compte à la Société de leurs découvertes, de leurs expériences et de leurs travaux, à lui communiquer leurs études scientifiques ou littéraires et tout ce qui peut l'intéresser.

Art. 9. Ils pourront avoir l'usage de la bibliothèque, en se conformant au règlement intérieur.

Art. 10. Ils adressent leurs communications et leur correspondance à la Société, par l'intermédiaire du président, ou d'un membre ordinaire.

Des membres correspondants.

Art. 11. Les membres correspondants sont en nombre illimité, ils sont pris indistinctement dans tous les pays hors du département.

Art. 12. Ils reçoivent les bulletins de la Société, lorsqu'ils résident en France.

Art. 13. Ils contribuent à l'œuvre de la Société en lui communiquant leurs ouvrages et le résultat de leurs travaux ainsi que tous les documents qui peuvent l'intéresser.

Ils servent d'intermédiaire entre le président et les Sociétés savantes de leur pays.

Art. 14. Tout membre correspondant qui aura laissé écouler deux ans sans faire aucune communication à la Société ou qui n'aura pas répondu, dans les trois mois, à une lettre particulière du président, sera considéré comme démissionnaire.

Art. 15. Les nominations des membres ordinaires, honoraires, associés et correspondants sont faites au scrutin secret, sur la proposition de trois membres ayant voix délibérative, à la séance qui suit celle où la proposition a été faite.

Les trois membres qui proposent un candidat doivent donner l'assurance que celui-ci désire entrer dans la compagnie.

Les membres de la Société actuelle, pourvus du titre de résidant, sont de droit membres ordinaires à la condition de se conformer au présent règlement. Ceux qui sont actuellement correspondants et qui résident dans le département deviennent associés et les correspondants étrangers au département, conservent leur titre, aux mêmes conditions.

Art 16. La Société se divise en trois classes, savoir :

1re Classe.

Agriculture, Horticulture, Sylviculture et tout ce qui s'y rattache.

2me Classe.

Sciences, histoire, littérature, beaux-arts.

3me Classe.

Industrie et manufactures.

Les membres de chaque classe peuvent être réunis séparément pour étudier des questions spéciales; mais ne peuvent prendre aucune délibération qui engage directement ou indirectement la Société.

Les membres de la compagnie sont tenus de choisir dans le délai d'un mois, la classe à laquelle ils désirent appartenir, et le président peut, sur leur demande, les transférer d'une classe dans l'autre, ou même les faire inscrire sur les listes de plusieurs classes.

De la cotisation.

Art 17. Les membres ordinaires paient une cotisation de dix francs par an, qui est destinée à subvenir aux frais des publications et aux menues dépenses, dites frais de bureau.

Art. 18. Les membres associés paient, pour le même objet, une cotisation de 5 fr. par an.

Art. 19. Cette cotisation est exigible d'avance et au 1er janvier; elle est payée entre les mains du trésorier qui en donne quittance.

Art. 20. Tout membre ordinaire ou associé qui aura refusé de payer sa cotisation, sera considéré comme démissionnaire

Art. 21. La cotisation est due pour l'année entière à quelle époque qu'ait lieu la nomination.

Si le présent règlement est mis en vigueur avant la fin de l'année 1850, la cotisation sera due pour cette année.

Art. 22. Tout membre ordinaire, résidant à Mende, qui, sans cause légitime, se sera abstenu de paraître aux séances ou de prendre une part quelconque aux travaux de la Société pendant six mois, sera réputé démissionnaire.

Les membres démissionnaires n'ont point de droit à réclamer tout ou partie de leur cotisation versée, et ne peuvent point se refuser à acquitter celle échue au 1er janvier précédent.

Des séances.

Art. 23. La Société tient une séance ordinaire le 1er jeudi de chaque mois, à deux heures précises, excepté en septembre et octobre.

Lorsque ces séances tombent un jour de fête ou de foire de Mende elles ont lieu le lendemain.

Art. 24. La Société a des séances extraordinaires ou d'urgence toutes les fois que le besoin du service le demande, ce besoin est jugé par le président qui seul a le droit de convocation.

Art. 25. Les membres ordinaires, résidant hors de Mende, ne seront convoqués aux séances extraordinaires que lorsque il y aura un intervalle de temps suffisant entre la convocation et la réunion pour qu'ils puissent s'y rendre.

Art. 26. La Société tient des séances publiques, lorsqu'elle le juge convenable, elle en dresse le programme et arrête la liste des personnes qui y doivent être invitées, les lettres d'invitation sont adressées par le président, au nom de la compagnie.

Art. 27. Nul ne peut prendre la parole dans une séance publique sans que le manuscrit de ce qu'il doit débiter ait été examiné et approuvé par le comité de rédaction.

Art. 28. Pour qu'une délibération de la Société soit valable, il faut qu'elle soit prise à la majorité des membres présents ayant voix délibérative et que le nombre de ces membres soit au moins de douze.

Néanmoins si dans une séance il n'y avait pas douze membres délibérants, mais qu'il y en eut au moins cinq, ceux-ci pourront agir sous forme de commission; ils étudieront la question, et fixeront un jour pour une autre séance, alors il sera fait un rapport des travaux de cette commission, et pourvu qu'à cette dernière séance il y ait 5 membres présents ayant voix délibérative leurs décisions seront valables.

Art. 29. Il sera affiché dans la salle des séances un tableau de tous les membres de la Société, divisé en quatre parties. La première comprendra les noms des membres ordinaires suivant l'ordre de leur réception. — La seconde partie les membres honoraires. — La troisième les membres associés. — La quatrième les membres correspondants.

Ce tableau indiquera la date de la réception et le domicile de chaque membre.

Il sera aussi affiché au même lieu un autre tableau indiquant la composition de la Société en ses diverses classes.

De l'organisation intérieure.

Art. 30. Les officiers de la Société sont un Président d'honneur qui est le Préfet du département;

Un Président;

4 Vice-Présidents, dont deux doivent être choisis parmi les membres ordinaires qui résident hors de Mende.

Un secrétaire général (actuellement perpétuel);

Un Secrétaire adjoint;

Trois Questeurs;

Un Trésorier.

Art. 31. Le Président est élu pour six ans;

Les Vice-Présidents pour quatre ans;

Le Secrétaire perpétuel actuellement en exercice conserve cette position, ses successeurs seront élus pour 5 ans;

Le Secrétaire adjoint est élu pour 4 ans;

Les Questeurs sont élus pour 4 ans; mais pour la 1.re fois et à afin de rendre le service plus stable, le 1.er questeur dans l'ordre du tableau, restera cinq ans en fonctions il en sera de même toutes les fois que la Société aura à nommer les trois questeurs à la fois.

Le Trésorier sera nommé pour six ans.

Art. 32. Toutes les nominations auront lieu au scrutin secret et à la majorité relative; cependant l'élection du Président nécessitera la majorité absolue. Si elle n'est pas obtenue au 1.er tour de scrutin, il sera fait un ballotage entre les deux membres qui auront eu le plus de voix.

Art. 33. Les namminations qui ont eu lieu le 20 décembre 1849 et celles qui auraient lieu jusques au moment de la mise en vigueur légale du présent règlement seront maintenues et la durée des fonctions ne comptera qu'à dater de cette mise en vigueur.

Art. 34. Les officiers et les fonctionnaires de la compagnie sont indéfiniment rééligibles.

Art 35. La Société nomme au scrutin trois fonctionnaires, qui portent le titre de *Directeurs des publications*. Ils composent, avec le secrétaire général et le secrétaire adjoint, le comité de rédaction.

Leurs fonctions durent trois ans.

Ce comité a pour mission d'éditer toutes les publications de la Société, et toutes les pièces et actes dont elle le charge.

Art. 36. La présidence du comité de rédaction appartient, en cas d'absence du Président de la Société, à un vice-président que le comité nomme tous les ans.

Art. 37. Le Président d'honneur occupe le fauteuil lorsqu'il assiste aux séances.

Du Président.

Art. 38. Les attributions du Président sont, outre celles qui sont spécialement inscrites plus haut dans le présent règlement, de proposer les matières à traiter dans chaque séance, de régler l'ordre des délibérations, sauf le droit qu'a la Société de le régler elle-même; de signer tous les mandats et pièces de dépense; de surveiller les actes et les écritures du trésorier; de vérifier ou faire vérifier sa caisse; de porter ses investigations surtout ce qui intéresse directement ou indirectement la Société, et en cas d'urgence, de prendre toute mesure nécessaire, sauf à en rendre compte à la Société : de faire exécuter le règlement.

Il est chargé de la correspondance, de l'ouverture et de la distribution des dépêches et de tous actes de haute administration.

Il préside les séances, les comités et les commissions; il exerce tous les droits et jouit de toute l'autorité attribuée généralement aux Présidents des assemblées délibérantes. Il nomme les membres des commissions, à moins que deux membres ne demandent qu'ils soient nommés au scrutin.

Il désigne un membre pour tenir la plume dans les réunions, lorsque les secrétaires sont absents.

Il signe, scelle et fait expédier les diplômes des membres de la compagnie; il est dépositaire du sceau de la Société.

Il nomme et révoque le concierge, les garçons de bureau et autres agents de la Société. Il peut déléguer à un vice-président telle partie de ses attributions qu'il lui plaît, sauf le droit de présider et d'assister aux réunions des comités et commissions qui est personnel. Ces délégations cessent du moment qu'un empêchement quelconque ; fait passer de droit les attributions du président à un vice-président.

En cas de mort, démission, absence prolongée d'un secrétaire ou de tout autres dépositaire de titres, papiers, livres et autres objets appartenant à la Société, le Président est obligé, sous sa responsabilité, d'en faire opérer la rentrée.

Des Vice-Présidents.

Art. 39. Les vice-présidents se placent à côté du président et le remplacent dans l'ordre du tableau.

A leur défaut, le plus ancien membre ordinaire occupe le fauteuil.

Lorsqu'un membre a été appelé à occuper le fauteuil il le conserve malgré la survenance de tout autre.

Art. 40. Celui qui a présidé une séance a le droit de présider toutes les commissions nommées dans cette séance.

Art. 41. Les vice-présidents résidants hors de Mende, peuvent servir d'intermédiaire entre le président et les membres qui résident dans l'arrondissement de chacun d'eux.

Art. 42. Ils ont les mêmes droits et prérogatives que les autres vice-présidents et prennent rang avec eux, suivant l'ordre du tableau.

Du Secrétaire Général.

Art. 43. Le secrétaire général tient un registre des séances; y inscrit les délibérations, et les faits intéressants qui sont présentés; y mentionne les mémoires, rapports etc. qui sont produits et les dons qui sont faits à la Société, depuis la dernière séance jusqu'à la clôture de la présente.

Il lit, au commencement de la séance, le procès-verbal de la précédente ; après son adoption, il le signe ainsi que le membre qui a présidé.

Le procès-verbal contient le nom de tous les membres de la compagnie qui ont assisté à la séance.

Le secrétaire général rend compte à chaque séance de l'état de la correspondance et de tout ce qui s'est passé d'intéressant depuis la précédente.

Il fait tous les ans le compte rendu des travaux de la Société et de sa situation.

Il est chargé de l'expédition de la correspondance et de toutes les écritures ; il conserve, sous responsabilité, tous les titres et papiers de la Société ; il doit les communiquer à tout membre ordinaire qui en aurait besoin. En cas de réclamation de part et d'autre, le Président décide.

Du Secrétaire adjoint.

Art. 44. Le secrétaire adjoint remplace le secrétaire général en cas de maladie, d'absence, ou d'empêchement : il le remplace aussi de droit en cas de vacance jusqu'à ce que le successeur soit nommé ; il doit l'aider, et peut par délégation remplir tout ou partie de ses fonctions.

De la Bibliothèque et du Musée.

Art. 45. Il sera fait un règlement intérieur, pour le service de la bibliothèque et du musée. Ce règlement contiendra nécessairement les mesures à prendre pour que les membres de la compagnie puissent, suivant leurs titres, et au moins une fois par semaine, prendre des livres et les rendre.

Il sera affiché dans la salle des séances.

Art. 46. Les étrangers pourront être admis à visiter les salles de l'établissement, sous la conduite du concierge, et avec l'autorisation d'un questeur, ou accompagnés d'un membre ordinaire.

Art. 47. Tous les locaux de la Société sont fermés au coucher du soleil et ne peuvent être ouverts qu'après son lever.

Du Comité de Questure.

Art. 48. Les trois questeurs, le Président et les secrétaires forment le comité de questure ; ce comité nomme un vice-président tous les ans.

Le comité de questure a à sa charge les soins à donner à la bibliothèque, au musée, et à tous les objets que possède la Société.

Il s'occupe de tous les détails matériels. Il veille à ce que tout soit convenablement disposé pour les réunions.

Il surveille le service de tous les agents de la Société.

Le Président peut, suivant les besoins, leur adjoindre des auxiliaires pris dans toute la compagnie; mais dont les fonctions ne peuvent pas durer plus de 10 jours.

Du Bulletin de la Société.

Art. 49. La Société, par le soin du comité de rédaction, publie un bulletin tous les mois, et plus souvent, si cela est possible et nécessaire.

Les matières y sont rangées suivant l'ordre des classes de la Société.

On insère d'abord le compte rendu des travaux de la Société, puis les articles fournis par les membres de la compagnie; ensuite ceux contenus dans les diverses publications que reçoit la Société, et qui peuvent offrir un intérêt au département, enfin les avis que la Société ou le président voudront faire connaître.

Le comité de rédaction présentera à l'adoption de la Société un règlement intérieur qui fixera les détails de son organisation et de ses travaux.

Des primes et prix.

Art. 50 La Société distribue des primes, prix et récompenses, dans la limite des ressources de son budget; elle en fait connaître le programme dans son bulletin, et par des affiches au moins un mois à l'avance.

Art. 51 Le présent règlement sera affiché dans la salle des séances.

Un exemplaire en sera adressé à chacun des membres de la compagnie.

Art. 52. Le présent règlement sera exécuté provisoirement en attendant son adoption par l'autorité supérieure.

DISTRIBUTION SOLENNELLE

DE PRIMES

A LA RACE BOVINE,

A LA GUIOLE (Avéyron).

Sur l'invitation de M. le Président de la Société, MM. Desmolles, de Framond et Charrier, membres ordinaires, ont accepté la mission de la représenter à la distribution des primes qui aura lieu à la Guiole, le 31 de ce mois, pour les plus beaux sujets de la race bovine.

Le prochain Bulletin contiendra le procès-verbal de leur nomination et le rapport qu'ils sont priés de faire à l'occasion de cette réunion, sur ce qui peut intéresser l'amélioration de nos races indigènes.

MENDE, IMP. DE J.-J. M. IGNON.

SOCIÉTÉ

D'AGRICULTURE, INDUSTRIE, SCIENCES ET ARTS

DU DÉPARTEMENT DE LA LOZÈRE.

BULLETIN DE MAI 1850.

Séance du 2 mai 1850.

PRÉSIDENCE DE M. DE THILORIER.

Étaient présents : MM. Ignon, secrétaire-perpétuel ; Rous, Degand ; De Chapelain (Octave) ; l'abbé Baldit ; Bon, juge ; Vachin, juge de paix ; Monteil-Charpal (Odilon) ; Marcé, D. M. ; l'abbé Comandré ; Paradan, juge ; Laurens (Paulin) ; l'abbé Gaillardon ; Second ; De Corsac (Urbain), membres ordinaires, et M. De Chapelain (Joseph), membre associé.

Le procès-verbal de la dernière séance est lu et approuvé.

Le Secrétaire-perpétuel donne lecture des lettres d'adhésion de divers membres qui font partie de la Société, et la Société les admet au titre pour lequel ils ont opté, savoir :

1.° Membres ordinaires résidant hors du chef-lieu.

MM. Valette des Hermaux, avocat à Rochefort ;
Roussel (Théophile), représentant.

2.° Membres associés.

MM. Roche, juge de paix à Châteauneuf-Randon ;
Poussié, fils, D. M. à Marvejols ;
De Jocas, avocat à Carpentras.

Il est procédé ensuite, au scrutin individuel, à la nomination de membres proposés dans une précédente séance. Sont admis :

1.° Membre ordinaire résidant au chef-lieu.

M. Bourrillon (Henri), négociant à Mende.

2.° Membres ordinaires résidant hors du chef-lieu.

MM. Dorson, propriét. à Reyrols, commune de Fontans ;
Flavien de Rouville, maire à Javols.

3.° Membres associés.

MM. L'abbé Cornède, chanoine honoraire à Mende ;
L'abbé Chevalier, curé desservant à Lanuéjols ;
L'abbé Bayle, curé desservant au Pompidou ;
Malet, agent-voyer communal à Marvejols ;
Monteils (Maurice), à Lille, commune de Rimeize ;
Catalan, expert à Mende ;
Granier, propriétaire à Rieutort.

4.° Membre correspondant.

M. Lecoq (H.), naturaliste à Clermont-Ferrand.

Le Secrétaire-perpétuel continue ensuite la communication de la correspondance qui présente les objets suivants :

Lettre de M. l'abbé Pascal, qui remercie la Société de l'avoir admis au nombre de ses membres correspondants et annonce qu'il enverra prochainement, pour les offrir en hommage à la Société, quelques livres dont il est l'auteur et notamment son Rational liturgique.

Lettre de M. le président de la société d'agriculture, du commerce, des sciences et des arts de Boulogne-sur-mer, en date du 10 avril 1850, au sujet de la demande faite à cette société d'échantillons des diverses espèces de blé annoncées dans son bulletin. — L'envoi en sera fait après la récolte.

Lettre de M. Des Hermaux, qui envoie, pour être communiquée à la Société, une copie de celle adressée à M. le Ministre de l'agriculture et du commerce, par la société de Rochefort, dont il est le président, sur les questions relatives à l'introduction en France du bétail étranger, où les intérêts de la Lozère sont les mêmes que ceux de la Charente-Inférieure. Il est donné lecture de cette lettre. — La la Société avait traité les mêmes questions dans sa séance du 7 mars, et transmis leur solution à M. le Préfet.

Lettre de M. Monseignat, président de la société centrale d'agriculture de l'Aveyron, en date du 20 avril, qui invite la Société à envoyer des délégués pour assister à la distribution des primes aux plus beaux sujets de la race bovine, qui doit avoir lieu à la Guiole, le 30 mai. M. le président est prié de vouloir bien inviter des délégués pour représenter la Société à cette réunion.

Lettre de M. Laporte de Belviala, membre ordinaire, en date du 25 avril, en réponse aux questions qui lui avaient été soumises par la Société, sur les diverses espèces de bêtes à laine qu'on élève dans le département du Gard, à l'effet de se fixer sur le choix des béliers pour l'introduction de la race la plus convenable au département. — Renvoi à une commission composée de MM. Rous, Second, Chevalier et H. Bourillon.

Lettre de M. Roussel, représentant, membre ordinaire, en date du 2 avril, qui communique quelques observations sur la mise en culture des biens communaux. — Renvoi à la commission des biens communaux, nommée dans la séance du 10 janvier dernier.

Bulletin du Ministère de l'Agriculture et du Commerce, janvier 1850. — N.° 1.er

Documents sur le commerce extérieur, N.° 428 à 483 (même Ministère).

Acte de navigation de l'Angleterre. — Rapport fait à la chambre de commerce de Paris, le 18 février 1850, par M. Rodet.

Une lettre de M. la maréchal Bugeaud au sujet du rapport de M. Ch. Dupin sur l'Algérie, avec note, glose et commentaire, par M. Leroy (de Béthune).

Lettre de M. Baffie, membre délégué de la Société pour l'acquisition de taureaux de la race de Salers, datée de Mauriac du 25 avril, qui donne avis de leur arrivée prochaine.

Rapport fait à la société d'agriculture et de commerce de Caen, sur diverses questions concernant les droits de douanes sur les bestiaux étrangers.

Mémoires de l'académie des sciences, arts et belles-lettres de Dijon. — Année 1849.

Séances et travaux de l'académie de Reims N.os 10 et 12.

Bulletin de la société industrielle de Mulhouse, No 107.

Journal du Lycée des arts, sciences, belles-lettres et industrie de Paris, tom. 1er — février 1850.

M. de Chapelain fait hommage, au nom de M. Malafosse (Paulin), de Marvejols, de 16 pièces consistant en médailles romaines, moyen bronze, ou monnaies plus modernes, et un sceau en plomb. — Dépôt au Musée de la Société, avec vote de remercîments au donateur.

Lettres de MM. Bertrand juge à Mende et Tuffier, du Malzieu, pour être informés du jour de la vente des taureaux; la Société fixe le concours de cette vente au samedi 11 du courant, à une heure de l'après-midi, à Mende, sur le boulevard du Soubeyran; avis en sera immédiatement donné à MM. Bertrand et Tuffier, ainsi qu'aux principaux propriétaires et fermiers éleveurs du département.

Banque de prêts d'honneur.

M. O. Charpal présente, au nom de la commission concernant la banque de prêts d'honneur, le rapport dont la teneur suit :

« Messieurs,

« La commission que vous avez nommée pour examiner les statuts de la banque de prêts d'honneur s'est occupée de son mandat avec attention et m'a chargé de vous faire connaître le résultat de cet examen.

« D'après ses statuts, la banque de prêts d'honneur est une institution destinée à venir en aide à tous les besoins légitimes des classes laborieuses et pauvres; à combattre énergiquement les abus de l'usure qui ruine nos campagnes et nos petites industries et à constituer le crédit des classes laborieuses sur la sainte religion de l'honneur respectée par tous en France.

« Voilà, Messieurs, le but de l'institution, il est honorable sans doute ; mais sera-t-il atteint? c'est ce que nous allons examiner.

« Et d'abord, nous admettons que si l'utilité d'un pareil établissement était parfaitement reconnue, qu'il put donner les résultats qu'on s'en promet, il se trouverait dans le département de la Lozère, et déjà nous en trouvons dans votre sein, plus de cent personnes qui exposeraient aux chances à venir la somme de cinq cents francs montant d'une action. Dans ce pays, quoique pauvre, on ne fait jamais en vain un appel à la générosité bienfaisante ; plus que personne, Messieurs, nous en avons des preuves.

« Nous supposons donc, Messieurs, que l'institution est formée, que les cent adhésions sont souscrites, que le bureau est ouvert.

« Les prétendants ne font pas défaut, la porte est assiégée, chacun apporte son honneur en échange de ses besoins. Tous sont de bonne foi, ils ont la ferme intention de conserver le capital qu'on leur confie pour le rendre dans un temps plus prospère ; mais ce temps n'arrive pas, les besoins augmentent, la faim presse et le capital est absorbé pour ne plus rentrer dans la caisse commune.

« Tel sera le sort, nous le craignons du moins, de la plus-part des capitaux engagés. Partout et toujours intention excellente ; généralement, impossibilité matérielle de rendre.

« Si donc la circulation du centre à la circonférence n'est pas entretenue par le mouvement contraire, bientôt les ressources sont épuisées et l'œuvre n'aura été qu'une assistance temporaire.

« Ce résultat, Messieurs, n'est pas suffisant : aussi votre commission vous propose-t-elle, par mon organe, l'ajournement de l'institution de la banque de prêts d'honneur dans le département de la Lozère. Voyons la fonctionner dans les départements plus riches, et peut-être les résultats qui seront obtenus modifieront-ils notre opinion. »

La Société adopte les conclusions du rapporteur.

Mode de vente des grains.

Il est donné lecture du rapport ci-après, fait par M. Chevalier (Louis), au nom de la commission chargée de l'examen des questions relatives au mode de vente des grains :

« Messieurs,

« La commission que vous avez nommée au sujet de la substitution du poids à la mesure dans la vente des grains, vient vous faire connaître son avis sur les diverses questions qui sont posées dans la circulaire ministérielle du 20 février 1850.

1re Question.

Ce régime spécial (la substitution du poids à la mesure dans la vente des grains), qui ne pourrait être introduit que par une loi, serait-il convenablement apprécié dans l'état actuel des habitudes du pays ?

Votre commission pense, que quoique les populations tiennent beaucoup à leurs anciennes habitudes, et se prêtent peu aux changements d'usage, elles savent très-bien adopter les améliorations qui leur sont profitables.

La vente des grains à la mesure présente le grave inconvénient de donner lieu à des pratiques diverses, et souvent frauduleuses : il est rare de rencontrer deux mesures parfaitement égales ; quoiqu'elles soient à la marque légale, il y a toujours une petite différence, c'est tellement vrai que les personnes peu délicates le font tourner à leur profit, en ayant deux mesures, une forte pour acheter et une faible pour vendre.

La manière d'emplir la mesure favorise singulièrement la fraude ; on a un excédant, ou un déficit, selon qu'on y verse peu ou beaucoup de grain à la fois, la manière de la raser est encore un moyen de fraude, soit que la râcle ne soit pas tenue d'aplomb, ou bien qu'on la passe trop brusquement. Avec la mesure, on achète, la plupart du temps, pour des grains de première qualité, des grains qui n'en ont que l'apparence. Comme les plus belles qualités, toutes choses étant égales d'ailleurs, ont un poids supérieur aux mauvaises qualités, le pesage fait ressortir la différence qu'il y a entre les plus beaux blés, et ceux qui sont maigres, qui ont la pellicule plus épaisse, la barbe plus longue, ou bien qui ne sont pas bien nets, ou à moitié dévorés par les larves d'insectes, par les charançons. Ces sortes de céréales, rendent beaucoup de son, peu de farine, et font du mauvais pain. Le mesurage cache en grande partie tous ces défauts, le poids seul les met en évidence.

De quelle manière qu'on envisage les résultats comparatifs du poids et de la mesure, il résulte incontestablement que le pesage mérite la préférence sur le mesurage.

2.me Question.

N'y aurait-il pas aujourd'hui inconvénient à l'établir, même en accordant un long délai pour sa mise en vigueur ?

Le mode de vente au poids ne pouvant qu'être favorablement accepté dans le commerce, parce que tout le monde y trouvera son avantage, excepté les fraudeurs, votre commission ne voit aucun inconvénient à l'établir de suite? Toutefois, il conviendrait que la loi qui rendrait le poids obligatoire sur nos marchés, accordât un délai pour sa mise en vigueur, et qu'elle renfermât des dispositions spéciales pour les baux à ferme déjà existants et ceux à locaterie perpétuelle, qui sont en grand nombre surtout dans le département de la Lozère.

3.me Question.

Ne doit-on pas d'abord y préparer les populations, et quelles dispositions conviendrait-il de prendre dans ce but?

Le moyen d'y préparer les populations serait tout en conservant le mode de mesurage pendant un certain temps encore, d'établir les droits de pesage à un tarif inférieur à celui du mesurage.

4.me Question.

Ne serait-il pas utile, par exemple, que le poids légal annuel des grains fût rappelé dans chaque mercuriale à côté du prix de l'hectolitre; que ce renseignement officiel fût toujours affiché dans les marchés, et surtout que le public trouvât sur le lieu même, les plus grandes facilités pour le pesage de ces denrées?

Cette formalité de rappeler le poids légal dans chaque mercuriale à côté du prix de l'hectolitre, contribuerait efficacement à amener les populations à l'établissement du poids, déjà en pratique dans la vente des farines, des fourrages, et autres denrées; pour en favoriser l'emploi, chaque halle au blé devrait être pourvue d'une petite bascule, pour que le pesage fût plus facile, plus expéditif et plus économique que le mesurage. »

Après une discussion, à laquelle prennent part différents membres, les conclusions de ce rapport sont adoptées.

MENDE, IMP. DE J. J. M. IGNON.

VENTE DE TAUREAUX.

Le onze mai mil huit cent cinquante, jour fixé pour la vente des taureaux de la race de Salers, acquis par la Société d'agriculture pour l'amélioration des races du département, le comité de questure s'est réuni à midi, à Mende, afin de procéder à cette vente. Il a fait conduire les taureaux sur le boulevard du Soubeyran où les acquéreurs et le public ont pu les examiner. A une heure et demie il s'est retiré pour ouvrir les enchères dans le local disposé à cet effet. Les acquéreurs ont été introduits ainsi que les personnes qui se sont présentées.

Il a été donné lecture des conditions de la vente et la liste des concurrents a été dressée. Elle comprenait :

MM.	Gaillardon,	propriétaire	à Malevieille.
	Bertrand,	id.	au Bertraldès.
	De Lescure (Ernest)	id.	à St-Denis.
	De Colombet,	id.	à Langogne.
	Chevalier,	id.	au Tuf.
	Rous,	id.	à Sirvens.
	Baffie,	id.	à la Parlouse.
	Laurens,	id.	à St-Laurent-de-Muret.

Les taureaux composant la plus forte paire, achetée 705 francs, a été d'abord mise en vente. Une bougie a été allumée et une première offre de 450 fr. a été faite par M. Gaillardon. Plusieurs autres ont suivi. Deux feux s'étant éteints sans que personne ait enchéri sur celle de 520 fr. émanée de M. Gaillardon, les taureaux lui ont été adjugés.

On a passé à la vente de la seconde paire, qui a coûté 620 fr. M. de Lescure a commencé par en offrir 350 fr.

D'autres offres se sont produites ; une nouvelle de M. de Lescure de 380 fr. a été la dernière et celle sur laquelle les taureaux ont été adjugés.

Le comité a constaté qu'il existait une grande prévention contre le poil rouge-sanguin des taureaux qui est spécial à leur race. Cette circonstance a éloigné des acquéreurs. Certains même qui avaient manifesté leur intention de prendre part aux enchères ne se sont pas rendus à Mende, lorsqu'ils ont eu appris que tel était le poil des sujets à vendre. Il est vivement à désirer de voir disparaître une prévention qui n'est fondée sur aucun motif sérieux et qui s'oppose à l'introduction d'une race qui, par sa taille, sa force et ses autres qualités qui l'ont fait rechercher sur les principaux marchés de France est incontestablement supérieure à celle de la Lozère.

De tout quoi il a été dressé le présent procès-verbal.

Le Vice-président,
DE LIGONNÈS.

Le Trésorier,
ROUS.

Le Secrétaire adjoint,
P. LAURENS.

DE LA STABULATION

OU

DU RÉGIME DES ANIMAUX

DANS LES ÉTABLES ET DANS LES ÉCURIES ;

Par M. Octave de CHAPELAIN, Membre ordinaire.

Messieurs,

Je n'essayerai pas de traiter les divers systèmes de stabulation temporaire ou continue, dont se sont occupé des plumes de haut mérite ; mais il est un principe qui est le fondement des autres, et dont on s'occupe fort peu, par cela seul qu'il n'est sujet à aucune contestation théorique. Je veux parler de l'assainissement de la demeure des animaux.

Dans le midi de la France, les écuries, étables et bergeries sont généralement hors des conditions d'une bonne hygiène : mais dans les pays pauvres, dans nos montagnes surtout, ces conditions sont tout à fait renversées, et l'on apporte un soin extrême à éviter tout ce qui peut donner de la santé aux bestiaux. Je vais jeter un coup d'œil sur l'état actuel des écuries (terme générique), et en démontrer les vices ; je dirai ce qu'il y a à faire, et j'établirai ensuite qu'il faut peu de dépense pour mettre mes préceptes en pratique.

Je n'ai pas à m'occuper des constructions nouvelles, on trouvera ailleurs et notamment dans la *Maison rustique du XIX.e siècle*, les meilleures dispositions à leur donner, je ne parle ici que pour les propriétaires peu disposés à de grandes dépenses, mais qui peuvent comprendre qu'un peu d'argent donné à propos peut amener un grand produit. En un mot, je ne veux indiquer que des améliorations. Je ne dirai donc, comme une simple observation, que les écuries sont presque toujours trop petites, et les voûtes ou plafonds toujours trop bas.

Les propriétaires sont trop convaincus que le froid est un fléau qu'il faut éviter à tout prix; en conséquence, leurs écuries sont presque privées d'air; il n'y a d'ordinaire, outre la porte, que deux ou trois petites baies de 15 centimètres environ de largeur, sur 25 ou 30 de hauteur; encore quand vient l'hiver, a t-on soin de les boucher scrupuleusement avec de la paille et souvent même avec du fumier. Dans beaucoup de fermes, les chevaux, les bœufs et les moutons sont logés ensemble. On ne sait pas assez combien est pernicieux, pour les chevaux surtout, le voisinage des bêtes à laine. Leur séparation est absolument nécessaire.

Les fumiers restent dans les écuries tout l'hiver; c'est encore sous prétexte du froid qu'on ne les enlève qu'au moment de les porter dans les champs; à moins que leur volume ne devienne tout à fait incommode.

Les écuries ne sont point pavées et n'ont pas de rigole d'écoulement; de sorte que les eaux des fumiers et des animaux se ramassent jusques sous les pieds de ces pauvres bêtes, dont les jambes plongent dans la fange, souvent jusques au dessus du boulet. C'est assez dire qu'on ne donne pas de litière fraîche, ou, si on en donne, elle est si rare qu'il ne vaut pas la peine d'en parler.

De cet état de choses résulte un ensemble de circonstances on ne peut plus préjudiciables au bien-être des bestiaux. Le maître ne voit pas le mal, parce que la mort ne s'en suit pas, et qu'aucune maladie ne se manifeste d'une manière sensible; cependant, comme des contrées assez étendues présentent les mêmes inconvénients, on voit souvent des maladies sans causes connues, affliger nos montagnes; on n'en cherche pas l'origine; chacun se console en voyant son voisin souffrir du même mal ; c'est une épizootie, tout est dit.

Le petit développement, et le peu de vigueur du bétail, malgré la bonté des pâturages et la pureté de l'air, est exclusivement attribué à la race du pays, on a essayé des espèces étrangères, elles ont dégénéré cela devait être; comment en effet supposer que des animaux enfermés dans des lieux où l'air ne se renouvelle pas, ou la fermentation des fumiers et leurs propres exhalaisons composent un air méphitique, soient dans des conditions de santé parfaite ; et, sans la santé parfaite, peut-il y avoir développement complet ?

Le pansage à la main réguliérement fait pourrait néanmoins amoindrir un peu cette mauvaise situation, mais cette partie si nécessaire du traitement est tout-à-fait inconnue, à peine si la veille d'une foire où il doit être vendu, le cheval reçoit-il quatre ou cinq coups de brosse qui doivent lui donner un peu plus d'apparence. Dans l'état ordinaire la partie antérieure et le dos sont couverts de poussière et la partie postérieure est enduite d'une couche de crote qui s'accroît chaque jour, jusques à ce que son propre poids ou un frottement accidentel la fasse tomber en écailles qui ont jusques à 2 ou 3 centimètres d'épaisseur. Le pansage a pour effet d'ouvrir les pores en enlevant la poussière et toutes les impuretés qui sont sur la peau, et de faciliter les sécrétions en établissant une plus forte circulation et en augmentant la transpiration insensible; par la propreté qu'il donne, on prévient beaucoup de petites maladies cutanées qui sans affecter sensiblement les animaux les inquiètent pourtant. En somme, comme on le voit, le pansage agit puissamment pour augmenter la vigueur.

La privation de la lumière, conséquence forcée de la clôture hermétique des écuries, fait beaucoup contre la santé des bestiaux. Tous les individus, du règne animal et du règne végétal, ont besoin de ce qu'on appelle le jour; mais c'est surtout sur les organes de la vision que se fait sentir l'influence de l'obscurité chez les premiers.

La transition subite d'une écurie bien chaude à l'air extérieur, soumet les animaux à un brusque changement de température qui peut aller jusques à une différence de 20 degrés, le danger qui peut en résulter est trop évident pour qu'il soit nécessaire d'ajouter la moindre réflexion.

J'ai dit les vices principaux du mode de stabulation actuel, je vais en résumer les funestes résultats.

La privation de lumière et d'air, mais plus encore la respiration dans une atmosphère chargée de gaz délétère, de sels acres, et d'une trop grande humidité, rend les animaux lourds et paresseux; leur digestion se fait moins bien; leurs humeurs s'epaississent et se portent principalement à la tête qu'elles rendent lourde et grasse; leurs poumons s'affaiblissent, et les font haleter lorsqu'on les force à une course rapide, les jambes, et principalement celles de derrière, plongées habituellement dans du fumier liquide, n'acquièrent pas l'élasticité naturelle, elles manquent de force, et les chevaux deviennent presque tout jarrets, l'influence des exhalaisons et de l'obscurité fatigue beaucoup les yeux des chevaux; aussi sont-ils généralement petits, et un vieux cheval de paysan a presque toujours une mauvaise vue.

Le froid est à peu-près le seul motif que l'on donne pour maintenir une manière de faire qui est malheureusement devenue un système général; il ne sera donc pas tout-à-fait inutile de prouver que cette crainte du froid est sans fondement, en effet les animaux dont je parle sont envoyés au pacage dès que la neige ne couvre pas la terre et que la gelée ne rend pas l'herbe insalubre, ils y vont donc très souvent par une température qui peut descendre jusques à + 2, ou + 1, degré, et quelquefois avec un vent qui la rend semblable à — 2, ou — 3 degrés Cependant quoiqu'ils soient dans un repos presque absolu, on ne pense pas que ce froid puisse leur nuire ; bien plus, ne voyons nous pas fréquemment les bestiaux de toute espèce stationner pendant plusieurs heures de suite dans les foires ou marchés par des températures de — 4 et — 5 degrés, et souvent à la porte des cabarets ; on ne craint pas alors que le froid les incommode. Cependant quoi qu'on fasse ce que j'indique, les écuries n'atteindront jamais un froid qui approche de celui-là puisque je voudrais qu'elles fussent tenues aussi constamment que possible entre + et + 8 degrés. On ne peut pas supposer que les bestiaux soient plus sensibles au froid que l'homme, le paysan lui-même ne le pense pas, puisque lorsqu'il les garde au pâturage, en route ou en foire il a soin de se couvrir d'un bon manteau et laisse les animaux tout nus ; cependant les écuries sont toujours à un degré de température bien supérieur à celui des appartements de la ferme.

Il importe que les fumiers soient enlevés des écuries deux fois par semaine au moins ; que ces écuries soient pavées, et qu'elles aient une rigole d'écoulement, qui conduise les eaux aux fumiers, ou dans une marre déstinée à les recevoir, et dont les émanations ne puissent pas pénétrer dans les habitations des hommes ou des animaux ; que les écuries ayent des fenêtres assez grandes et assez nombreuses pour pouvoir renouveler l'air le plus rapidement possible, le moment le plus convenable pour cette opération est celui où les bestiaux vont à l'abreuvoir; dès qu'ils sont tous sortis, il faut ouvrir les portes et les fenêtres afin d'établir des courants qui renouvellent l'air promptement. Le bétail refroidi par l'atmosphère extérieure trouvera toujours et rentrent, l'écurie assez chaude, venant de respirer un air pur et condencé il n'aura plus en rentrant une atmosphère chaude et méphitique, mais au contraire sa respiration recevra un aliment intermédiaire entre celui du dehors et celui qui lui est réservé pour plus tard ; peu après la rentrée des animaux les portes et fenêtres seront fermées; si dans le courant de la journée on s'apperçoit que l'air est devenu trop *épais* on ouvrira une ou deux fenêtres, mais en évitant soigneusement d'établir des courans; cette opération devrait aussi précéder la sortie du bétail pour diminuer la transition du chaud au froid.

Les chevaux doivent être pansés tous les jours, les bœufs et vaches deux fois par semaine au moins.

Les fenêtres doivent être garnies de vitres de manière à procurer une masse de lumière semblable à celle qu'il faut pour lire, elles auront des volets ou des chassis de toile, les volets se fermeront le soir, parce que pendant la nuit le corps a besoin de plus de chaleur; ils doivent être ouverts tout le jour, les chassis de toile remplaceront les vitres dans les temps chauds, ils ont l'avantage de laisser pénétrer l'air sans établir des courans qui sont funestes en toute saison. Les chassis de toile sont bons aussi à arrêter l'introduction des mouches; si ces insectes importunent les animaux, on fermera les volets.

Les animaux destinés à l'engrais n'ont point les mêmes exigences que ceux dont on emploie les forces musculaires; on n'a pas à s'occuper de ce qui peut augmenter ou entretenir leur vigueur, car leur état est une espèce de maladie; mais l'expérience a démontré que ceux qui, avant d'être mis à l'engrais, avaient eu le plus de vigueur, de force et de santé étaient ceux qui prenaient la graisse le plus facilement et qui donnaient le plus grand profit. Ce que j'ai dit plus haut ne concerne donc pas ces animaux là. Il leur faut un traitement inverse; leurs écuries doivent être chaudes et obscures, et rarement ventilées; ils doivent en sortir très-rarement; les pansages à la main seront moins fréquents, car il faut affaiblir la transpiration et la circulation du sang; les écuries actuelles peuvent donc leur convenir, pourvu toutefois qu'on n'y laisse pas séjourner le fumier trop longtemps.

Nous avons vu ce qu'il y avait de vicieux dans la stabulation actuelle de nos montagnes; nous avons vu aussi ce qu'il y avait à faire pour l'améliorer; j'espère, en disant le peu de dépense qui en résulterait, engager quelques personnes à tenter une réforme que je regarde comme un premier pas pour atteindre l'amélioration de la race.

Je dois répéter que je ne m'adresse pas à ceux qui construisent à neuf; je ne cherche qu'à rendre meilleur ce qui existe déjà. J'accepte donc forcément les bâtiments actuels, et j'indique ce qu'il y a à faire pour obvier à leurs défectuosités, en évitant les grandes dépenses. En suivant mes conseils on sera très-loin encore de la perfection, mais on aura déjà fait beaucoup.

Dans les calculs de dépense je ne compte pas les prix de transport et de main d'œuvre qui peuvent être acquittés par les animaux de la ferme en temps opportun, ni la valeur des matériaux que la ferme fournit.

Je suppose une écurie destinée à loger 10 têtes de gros bétail, elle a à peu près 9 mètres sur 6, soit 54 mètres de surface.

Le pavé avec sa rigole d'écoulement calculée à 75 centimes le mètre, coûtera 40 fr. 50.

Deux fenêtres d'un mètre carré, si elles sont convenablement placées, suffisent à la ventilation ; elles coûteront, y compris le chassis vitré, le cadre garni de forte toile et le volet 50 fr. l'une, soit 100 fr. les deux. Voilà donc une émission de capital de 140 fr. 50 c.; admettons 150 fr. dont l'intérêt à 10 p. °/₀ sera 15 fr. ajoutons 10 fr. par an pour le renouvellement des brosses, étrilles etc. ; c'est donc 25 fr. de dépense annuelle que coûte mon système pour 10 bêtes, c'est à dire 2 fr. 50 c. par tête de bétail.

La perte de temps que nécessite le soin des animaux, est aussi une dépense, mais il doit être compté pour bien peu de chose, puisque ce travail s'exécute pendant que le bétail mange et que les valets ont bien peu à faire ailleurs ; mais enfin voyons en quoi il consiste.

Un valet habitué à cela peut faire un pansage dans un quart d'heure, on voit que je ne suis pas exigeant dans la perfection de ce travail. Dix têtes de bétail supposent deux hommes dans la ferme, en distribuant bien l'ouvrage ils y suffiront. Que l'un d'eux emploie tous les matins un quart d'heure à nettoyer l'écurie, et l'autre le même temps à panser le cheval qui se trouve ordinairement compris dans les 10 têtes de gros bétail, et qui a besoin de ce traitement tous les jours, chacun des deux hommes emploiera donc soit le matin, soit dans la journée, ou le soir, une demi heure à panser deux bêtes, et tous les animaux recevront les soins nécessaires. Ce pansage presque superficiel serait trop peu de chose si on n'avait pas soin de profiter du repos forcé que le mauvais temps occasionne souvent. Ces jours là on donnera à chaque animal un pansage à fond. L'hiver est une saison où le temps est moins précieux c'est aussi celui ou le défaut de mouvement ralentit la circulation du sang; on doit donc, dans ce temps-là, doubler la longueur du pansage.

Il faudra bien peu de temps à un maître intelligent pour qu'il puisse faire la différence de l'ancien mode et de celui que j'indique, les bœufs et les chevaux feront plus de travail avec moins de fatigue, les vaches auront plus de lait et mangeront moins; les veaux deviendront plus forts; tous les animaux acquerront plus de vigueur, plus de souplesse, et vivront plus longtemps, dans les temps de disette ils supporteront plus facilement la diminution du fourrage, parce que ce qu'ils mangeront sera mieux digéré et leur profitera davantage.

Je n'ignore pas que la doctrine que j'énonce, sera difficilement mise en pratique, parce que la classe de cultivateur à qui elle s'adresse est très peu éclairée, et point du tout disposée à adopter la moindre modification aux anciens usages; d'ailleurs ma voix est trop faible pour retentir dans nos âpres montagnes; mais si mes efforts pouvaient arriver jusques à quelques unes de ces hautes intelligences, dont les paroles pénètrent partout, et qu'elles répondissent à l'appel que je leur fais; si la confiance qu'elles inspirent apportait un soulagement à la situation de mes compatriotes; je serai heureux, car je pourrais dire, moi aussi : j'ai fait un peu de bien.

Octave de CHAPELAIN,
Membre des Sociétés d'Agriculture de la Lozère et du Gard.

ARCHÉOLOGIE.

Mende, le 5 janvier 1850.

Vers la fin du mois dernier, les cantonniers de la route départementale n° 3 trouvèrent, dans le ruisseau et près du Pont de la Planchette, une pierre de 30 centimètres d'épaisseur et 25 centièmes de mètre carré de surface environ, représentant en relief quelques figures. M. l'Ingénieur en chef en donna avis à M. le Préfet qui l'invita à la faire transporter à Mende pour vérifier son importance archéologique.

Il résulte de l'examen de cette pierre qu'elle porte les armes de l'un des anciens évêques de Mende, Mgr Pierre Baglion de la Salle, qui sont d'azur à un lion léopardé, la pate droite de devant appuyée sur une souche d'arbre d'or, surmonté de trois fleurs de lis de même, un lambel à quatre pendants ou de quatre pièces aussi d'or, l'écu est surmonté des attributs épiscopaux, la crosse, la mître, le chapeau de sinople et les cordons à quatre rangs de houpes.

Ce prélat était né à Lyon, d'une très-ancienne famille originaire de Pérouse en Italie, d'où le roi François Ier amena en France l'un de ses ayeux, et lui donna le gouvernement de Lyon, avec permission d'ajouter trois fleurs de lis à ses armes. Cette dernière partie de l'écu a été entièrement dégradée, apparemment pendant le temps le plus révolutionnaire de 93. Cette pierre ne porte ni inscription, ni date; on sait que M. de la Salle occupa le siége de Mende de 1707 à 1723, et ce fût pendant cette période qu'on dut la placer sur une des faces de ce pont, comme cela se pratiquait alors.

M. le Préfet, dont la sollicitude éclairée embrasse tout ce qui peut être utile et honorable pour le département, heureusement confié à son administration, a mis à la disposition de la Société académique de Mende, pour être déposée dans le musée, cette pierre comme un souvenir rappelant l'épiscopat de l'un des plus illustres évêques du diocèse, qui, du 6 septembre 1721 au 2 septembre 1722, pendant que la peste désolait cette ville et y fit périr le cinquième de sa population, montra un dévouement héroïque; fut le premier à célébrer le Saint Sacrifice de la messe dans les rues et, comme M. de Belzunce à Marseille, s'exposa sans crainte pour porter des secours spirituels et temporels à ses diocésains. Ig.

Mende, Impr. de J. J. M. IGNON.

SOCIÉTÉ

D'AGRICULTURE, INDUSTRIE, SCIENCES ET ARTS

DU DÉPARTEMENT DE LA LOZÈRE.

BULLETIN DE JUIN 1850.

Séance du 6 juin 1850.

PRÉSIDENCE DE M. DE THILORIER.

Étaient présents : MM. Ignon, secrétaire perpétuel; Rous; De Ligonnès; Chevalier (Louis); l'abbé Baldit; Bon, juge; Vachin, juge de paix; Laurens, aîné; Bécamel, maire; De Lescure (Edmond); Laurens (Paulin); Second, De Corsac (Urbain); Chevalier, juge, membres ordinaires et Catalan, membre associé.

Le procès-verbal de la dernière séance est lu et approuvé.

La Société, procédant ensuite par voie de scrutin individuel, nomme :

Membre associé :

M. Crouzet, adjoint au maire d'Auroux.

Membre correspondant :

M. De Retz, président du comice agricole à Alais.

Le Secrétaire perpétuel donne communication de la correspondance qui présente les objets suivants :

Lettre de M. le Ministre de l'agriculture et du commerce, en date du 13 mai, qui accueille la demande de la Société, du 13 avril dernier et l'autorise à appliquer à l'achat de graines fourragères une somme de 200 fr. qui lui avait été allouée primitivement pour servir d'encouragement aux cultures des fourrages et des racines.

Lettre de M. le Ministre de l'instruction publique et des cultes, en date du 13 mai dernier, qui annonce qu'il a reçu les bulletins de la Société, 1.er trimestre 1850, et qu'il en a prescrit l'envoi immédiat aux Sociétés désignées dans la note qui accompagnait cet envoi.

Lettre de M. le Préfet, en date du 5 de ce mois, qui transmet l'arrêté préfectoral du 13 mai dernier relatif au concours pour primes d'encouragement à l'élève des bestiaux.

Lettres de MM. Desmolles, de Framond et Charrier à M. le Président pour le prévenir qu'ils acceptent la mission de représenter la Société à la réunion qui doit avoir lieu à la Guiole, conformément à l'invitation de M. le Président de la Société centrale de l'Aveyron.

Lettre de M. le Secrétaire de la Société d'agriculture, sciences, arts et commerce du Puy qui annonce l'envoi du 14.e vol. — 1.er semestre de 1849, des annales de cette Société académique.

Lettre de M. Bouret, conducteur des ponts et chaussées à St-Chély, qui fait hommage à la Société d'un tableau synoptique et chronologique de l'histoire de France, dont il est l'auteur. — Dépôt au musée et vote des remercîments.

Diverses publications parvenues à la Société depuis sa séance du 2 mai dernier, envoyées par M. le Ministre de l'agriculture et du commerce, par les Sociétés de Douai, de l'Hérault, de Mulhouse et du Puy, et de quelques auteurs; il en sera fait mention dans le procès-verbal.

M. Rous dépose sur le bureau quatre ouvrages adressés par M. l'abbé Pascal, membre correspondant, dont il est l'auteur ou le traducteur, concernant la liturgie catholique et certaines cérémonies papales et sacerdotales; ils seront classés dans la bibliothèque historique départementale. La Société vote des remercîments à son honorable collègue.

M. Laurens (Paulin) remet, au nom de M. E. Guyot, préfet, un masque en plâtre représentant la tête de Sid Ali Mbarek, de la famille des Marabouts de Koléah, l'un des principaux officiers d'Abd-el-Kader.

Ce don d'adieu, fait par ce magistrat, en quittant la Lozère où il s'était acquis toutes les sympathies de ses administrés, pour aller prendre possession de la préfecture de l'Eure, sera déposé dans le musée de la Société, comme un honorable souvenir, et mentionné dans son procès verbal.

M. Laurens, aîné, fait don à la Société de douze pièces de billon argenté de différents modules, savoir : 1.° de deux pièces de Charles VIII, roi France, (de 1483 à 1498), trouvées dans les démolitions de l'église de Servières, par M. Hugoun, conducteur des ponts et chaussées.

2.° De dix pièces trouvées dans le cimetière de Brenous, quatre appartenant au règne de Charles IX, une de 1566, deux de 1569 et une de 1573; — quatre de Henri III, deux au millésime de 1577, et deux frustes).

3.° Deux pièces du pape Pie V, de 1566. Remercîments à M. Laurens, aîné, et mention au procès-verbal.

M. Ignon, secrétaire perpétuel est invité à faire une notice détaillée sur ces trouvailles et sur les pièces données par M. Malafosse.

M. Rous offre, au nom de M. Paparel, percepteur à St-Etienne-Vallée-Française, membre associé, un tableau peint sur toile, représentant la Sainte famille. — Dépôt au Musée et remercîments au donateur.

M. l'abbé Baldit lit une pièce en vers patois, intitulée *la Primo* (le Printemps). — Dépôt au comité de rédaction pour l'insertion dans le Bulletin.

M. Catalan, membre associé, communique un relevé des mercuriales du prix des grains à Mende, de 1738 à 1840. — Renvoi au même comité.

La Société procédant à la formation du jury qui doit statuer sur l'admission des sujets dignes des primes, qu'on presentera à la réunion de Mende, qui se tiendra le 15 juin à midi, comprenant toutes les communes du canton, nomme :

MM. Bécamel, maire ;
De Lescure (Edmond) ;
De Ligonnès ;
Rous ,
Chevalier, D. M. ;
Chevalier , juge ;
Second, négociant.

MM. les autres membres ordinaires de la Société pourront se joindre au jury et prendre part à ses décisions. M. Oziol, artiste vétérinaire à Florac, sera invité à s'y rendre, en sa qualité de membre ordinaire.

Il est procédé ensuite à la nomination d'une commission, chargée de s'occuper d'un projet de budget de la Société pour 1851.

Sont nommés membres de cette commission :

MM. Odilon Charpal ;
De Ligonnès ;
Laurens (Paulin).

CONCOURS

POUR PRIMES D'ENCOURAGEMENT

A L'ÉLÈVE DES BESTIAUX.

PROCÈS-VERBAL.

L'an mil huit cent cinquante et le quinze juin, à midi, la Société d'agriculture chargée par l'arrêté préfectoral du 13 mai dernier, de procéder dans la réunion de Mende, comprenant toutes les communes de ce canton, à l'admission de sujets dignes d'obtenir les primes d'encouragement mises au concours pour les espèces bovine, chevaline et ovine s'est assemblée sur le champ de foire audit Mende.

Étaient présents : MM. De Thilorier, président; Ignon, secrétaire perpétuel ; Rous, trésorier; Chevalier, D. M. ; Laurens (P.); Second, négociant; Chevalier, juge ; Oziol, artiste vétérinaire.

Le président a rappelé le nombre et la quotité des primes à décerner et donné connaissance des règles du concours. Il a ensuite vérifié les certificats d'origine et de propriété, produits à l'égard des animaux amenés pour concourir; après quoi la Société d'agriculture s'est occupée de l'examen des sujets dans chaque espèce.

Espèce bovine.

Il a été admis au concours huit taureaux de deux ans, — six génisses de deux ans, — et six vaches.

Ont été désignés savoir :

Taureaux.

Pour la prime de 50 fr. un taureau de deux ans, signalé poil rouge châtain, appartenant au sieur Bonhomme (Pierre), demeurant à Vareilles, commune de Lanuéjols.

Génisses.

Pour la prime de 40 fr. une génisse de deux ans, signalée

poil bai marron, la queue blanche, appartenant au sieur Boudet (Jean), demeurant à Saint-Etienne-du-Valdonnez, commune de St-Etienne-du-Valdonnez.

Vaches.

Pour la prime de 35 fr. une vache signalée poil bai marron, appartenant au sieur Oziol (Pierre), demeurant à Mende, commune de Mende.

Espèce chevaline.

Pouliches.

Pour la prime de 60 fr. une pouliche de deux ans, signalée poil bai cerise, marquée à la tête, appartenant au sieur Bouchitté, demeurant à St-Bauzile, commune de St-Bauzile.

Juments.

Pour la prime de 40 fr. une jument, signalée poil blanc, hors d'âge, appartenant au sieur Mialon, dit Mercier, demeurant à St-Bauzile, commune de St-Bauzile.

Espèce ovine.

Béliers.

Pour la prime de 20 fr. un bélier, signalé laine blanche, appartenant au sieur Bonnet (Antoine), demeurant à Badaroux, commune de Badaroux.

Pour la prime de 15 fr. un bélier signalé laine blanche, appartenant au sieur Giral (Pierre), demeurant à Badaroux, commune de Badaroux.

Pour la prime de 10 fr. un bélier signalé laine bisette, appartenant au sieur Peyre (Jean), demeurant à St-Etienne-du-Valdonnez, commune de St-Etienne-du-Valdonnez.

Brebis.

Pour la prime de 40 fr. dix brebis signalées laine blanche et noire, appartenant au sieur Seguin (Auguste), demeurant aux Laubies, commune de St-Etienne-du-Valdonnez.

Pour la prime de 35 fr. dix brebis signalées laine blanche et noire, appartenant au sieur Masson, aîné, demeurant à Pelgeyres, commune de Badaroux.

OBSERVATIONS.

Après que la désignation des sujets pour les diverses primes a été terminée, la Société d'agriculture a consigné ici ses observations.

1.° Sur le mode de concours.	Aucune.
2.° Sur les lieux de réunion.	*Idem.*
3.° Sur les époques.	*Idem.*
4.° Sur les cantons qu'il convient le mieux de réunir ensemble.	Maintenir la réunion de Mende telle qu'elle est.
5.° Sur le nombre des animaux présentés.	Le petit nombre d'animaux présentés tient au peu d'encouragement des propriétaires pour se livrer à leur élève, vu la modicité du prix qu'on en offre depuis deux ans.
6.° Sur la qualité.	Elle tend à s'améliorer; les types des plus belles races répandues par la Société pourront y contribuer.
7.° Sur l'âge qu'il convient de primer.	Deux ans.
8.° En général sur le moyen d'améliorer.	Une grande production de fourrages est indispensable pour l'amélioration des bestiaux des races indigènes; on ne saurait trop recommander, dans les localités où les prairies naturelles et les pacages sont insuffisants, la culture des prairies artificielles pour leur donner une nourriture plus abondante.

De tout ce qui précède il a été dressé le présent procès-verbal que les membres du jury de la Société d'agriculture ont signé avant de se séparer.

A Mende, les jour, mois et an susdits.

De Thilorier, président; — Ignon, secrét. perpét.; — Roès, trésorier; — Chevalier, D. M.; — Laurens (P.); — Second, négociant; — Chevalier, juge; — Oziol, artiste vétérinaire.

ÉPITRO A JON,

SOUBRÉ L'AGRICULTURO,

PAR Mʀ L'ABBÉ BALDIT, MEMBRE ORDINAIRE.

Couraché lou printéms arribo,
Dés bords dél riou l'herbo abouribo
Coumenço à préné de coulou.
Jhoucat à la broncho del pibou,
Soun œillet birat bès lou nibou,
Lou timidé è féplé aousselou
Assajho sa bouès mouselouse.
Al tour de la fédo jalouso,
Dins lou claous l'aniélou bésat,
Al poulit aoussét tout frisat,
Boundis è faï la sabatéto;
Jourto sa maïré è piei la této,
Al souflé glaçat dé l'hiber,
Succèdo uno amistouso haléno.
Endabalat à boucho pléno,
La clapéto douçou de l'ér.
És houro, Jon, quitto la caso.
N'éspérés pas lou més dé maï.
Prén toun fessou, sons ista maï;
Dé cimo à founs curo la raso;
Dé la lipo faï de moulous,
È pér lou prat ésterpo lous.
Escampillo la taoupinieiro,
A la butaïro matinieiro,
Laïssés pa lou méndré répaous
Pér la manca pas al passaché,
Mét toun saoupré faïré en usaché.
Plaço tous ferrés à perpaous.
A la moulieyro, où l'aïgo trouillo,
E cato las plontos dé rouillo,
Faï dé sannados, sons rétar :

ÉPITRE A JEAN,

SUR L'AGRICULTURE.

TRADUCTION.

Courage : le printemps arrive.
Des bords du ruisseau l'herbe précoce
Déjà commence à verdoyer.
Perché sur la branche du peuplier,
Son œil fixé vers le nuage,
Le timide et faible oiseau
Essaye sa voix moëlleuse.
Autour de la brebis jalouse,
Dans la prairie, l'agneau folâtre,
A la blanche toison toute frisée,
Bondit et sautille,
Heurte du front sa mère et ensuite la tette.
Au souffle glacé de l'hiver,
Succède une amoureuse haleine.
Vous avalez à bouche pleine,
La tiède douceur de l'atmosphère.
Il est temps, Jean, quitte la chaumière.
N'attends pas le mois de mai.
Prends ta pioche, sans tarder davantage;
D'un bout à l'autre, nettoie la rigole.
De la vase fais des tas,
Et étends-les dans la prairie,
Éparpille la taupinière.
Au matineux mineur,
Ne laisse pas le moindre repos.
Pour ne pas le manquer au passage,
Emploie tout ton savoir faire.
Place tes pièges à propos.
A la fondrière où l'eau croupit,
Et couvre les plantes de rouille,
Fais des saignées sans retard :

Baï jusqu'à la sourço proufoundo ?
Douno un libré cours à soun oundo.
Lou fé té pagaro pus tar.
As éndréchés où l'horro mousso.
Moustraro sa jaouno frimousso,
Plognés pas lou féns dél rétrach,
Où s'és dins l'hibér éscoulado;
L'aïgo dé touto l'éstaplado.
Lou ras dél prat t'én saoupro grach.
Sé bos qué la mouto rébiouré,
Méno l'y l'aïgo è faï la biouré.
Tapo las féndos dél peissel,
E clabo li lou cabucel.
Ou ta pradario pér l'agado,
Séro dins court téms rousigado.
Dé la paret lébo lou pas.
Qué lou troupel l'y salté pas,
La gén lanudo o la dén aïsso.
L'berbo naïssento cron sa maïsso.
Paro aquel bestia désastrous,
Sé bos pas dailla dé rétrous.
La fédo és groumondo è gouludo :
Dé rounzacés béstis l'aoubret :
Saoubo-lou dé sa dén taludo.
Surtout d'aquélo de l'arét.
Coumo al puat o maï de forço,
Rousigorio touto l'éscorço.
Loù frucho couménço à berdi.
Lou bourré pousso, l'humou babo.
Tout jusqu'à la broncho, és en sabo.
La fueilléto baï s'éspandi.
Per lou quinconcé dé ta péço,
Prén de suchets de bouono espèço.
Chaousis lous lisés è laténs.
Gréfo toun aoubré ambé prudénço.
Plognés pas ta péno è toun témps.
Rond graços à la Proubidénço.
Démoundo-li qué sa bountat,
Doun l'uël beillo soubré lon moundé,
Proutègé lou plan issartat,
Lou fajo creïssé è lou fécoundé.
Chabillo toun escharabi.
Es téms déjà dé tén sérbi.

Vas jusqu'à la source profonde ;
Donne un libre cours à son onde.
Le foin te défraiera plus tard.
Aux endroits, où la mousse nuisible,
Montrera sa jaune tête,
Prodigue le fumier de la fosse,
Où pendant l'hiver s'est écoulé
Le purin de l'écurie.
La motte t'en saura gré.
Si tu veux qu'elle repousse
Amènes-y l'eau et fais la boire.
Répare le mur de défense,
Et scelle son couronnement,
Ou ta prairie, par l'inondation,
Sera dans peu de temps, ravagée.
Reconstruis la brèche de la muraille.
Que le troupeau ne la franchisse pas.
Les bêtes à laine ont la dent mauvaise.
L'herbe naissante craint leur mâchoire.
Tiens à l'écart ce bétail dangereux,
Si tu ne veux pas faucher des restes.
La brebis est friande et gloutonne.
De ronces revêt le jeune arbre.
Mets-le à l'abri de sa dent tranchante :
Surtout de celle du bélier.
Comme il a le ratelier plus fort,
Il rongerait toute l'écorce.
L'arbre fruitier commence à verdir.
Le bourgeon pousse, la sève circule.
Et se porte partout jusqu'aux branches.
La jeune feuille va se dérouler.
Pour le quinconce de ton enclos,
Prends des sujets de bonne espèce
Choisis-les lisses et droits.
Ente ton arbre avec discernement.
Ne plains pas ton temps et ta peine.
Rends grâces à la Providence.
Demande-lui que sa bonté,
Dont l'œil veille sur le monde,
Protège le plant que tu as greffé :
Le fasse croître et le féconde.
Cheville ton rancher.
Il est déjà temps de t'en servir.

Prén toun apiolo è faï mo basso,
Soubré lou pibou è la chabasso.
Mét dé coustat lous jechs faséns,
Lous pus dréchés, lous pus lüséns,
Quond aouras fach lou récuraché.
Plonto surtout as bords dél riou,
Lous plançous dél pibou abouriou,
E garnis bien lou ribieiraché.
Soubré lou pénjon dél trabès,
Trop maïgré, ou trop sech per lou bès,
Estaplis uno ginestieiro,
Maridado ambé lou burjas.
Préparo al sémis un bouon jas.
Faï la trénchado tout entieiro.
Amoutassis aquél térrén,
E préserbo-lou del tourrén.
Dins la suito, aouras sons culturo,
Pér toun troupel larjo pasturo.
Plonto las abros dé toun bé;
L'oumé al coustat del fraïssé joubé,
E l'agasabré ambé lou roubé.
Lou bésinaché fur coumbé.
Aqui, pus tar, aouras dé brouto,
Pér lou sérbicé dé l'ousta,
E lou troupel dé qué brouta.
Se bos pas faïré faousso routo,
Comto à pérpaous tous paliassous.
Bien éstourdit qué noun l'y pénso:
Lou téms és dur è for chansous.
Qué sap pas récla sa déspenço,
E tira dé tout bouon proufit,
Sé trobo un hommé léou coufit.
Joun tous rouars, la terro ès présto.
L'aouro ès drécho lous téms és bel.
Fumo toun chon jusqu'à l'aresto.
Passo la sémenço al crubel.
Mét al légun la couloumbino;
E pér afi qué l'alapas
E la chalsido bénioun pas,
Faï réjo forto, ou pulóou bino.
Esfeltro è briso bien ménut,
Lou nibou dél poplé lanut.
Traï l'ordi soubré aquélo graïsso;

Prends ta hache et fais main basse,
Sur le peuplier et sur le saule.
Mets de côté les jets propres à la plantation,
Les plus droits et les plus unis,
Quand tu auras fait l'émondage.
Plante surtout aux bords du ruisseau,
Les plançons du peuplier précoce,
Et garnis bien le rivage.
Sur le penchant de la colline,
Trop maigre et trop sèche pour le bouleau,
Sème le genêt,
Marié avec la bruyère.
Prépare au semis un bon sol :
Fais le sillon tout entier.
Gazonne ce terrain,
Et garantis-le du torrent.
Dans la suite, tu auras sans culture,
Pour ton troupeau abondante pâture
Plante les bords de ta propriété ;
L'ormeau à côté du jeune frêne,
Et l'érable avec le chêne,
Le voisinage leur convient.
Là, plus tard, tu feras des fagots,
Pour le service de la maison,
Et ton troupeau aura de quoi brouter.
Si tu ne veux pas faire fausse route,
Compte à propos tes paillons.
Bien étourdi qui n'y pense pas.
Le temps est dur et fort chanceux.
Qui ne sait pas régler sa dépense,
Et tirer de tout bon profit,
Est un homme bientôt ruiné.
Attèle tes bœufs, la terre est prête,
Le vent est bon, le temps est beau.
Fume ton champ en son entier :
Passe la semence au travers du crible.
Réserve la colombine pour les légumes
Et afin que le bouillon blanc,
Et le chardon ne naissent pas,
Trace des sillons profonds, ou plutôt bien,
Emiette et brise menu,
Le fumier des bêtes à laine,
Jette l'orge sur cet engrais.

E quond la récolto béndro,
Sé la sésou n'és pas trop aïsso,
Rampliras toun ousta dé gro.
Sé bos ségré l'ar del laouraïré,
Séméno abourious tous marcéns,
As choms maïgrés, as ébésséns,
E méno al pus drech toun araïré.
Fouoï la mouto à l'éntour dél ron.
Caoucos jabèlos bien granados,
A la méissou té pagaron
Las pénos qué té sios dounados.
Laïssés pas paousa toun féssou.
Déstruis la rounzé è lou bouïssou,
Sons faïré graço à l'aoubéspino.
Leurs jechs lons, traïtés è pounchus,
Eilissachs d'éspérous crouchuchs,
Soun coumo l'aoussel dé rapine.
Un jour ou l'antre lou troupel,
L'y laïsso la lono è la pel.
Es bouro qué tonqués la jasso.
Lou pastré ou boudro pas béléou;
Mé préparo li sa clujasso,
E plonto lou pargué al pus léou.
Aqui lou féns, la pissarado,
Lou surgé, tout démoro al so.
Tout lou troupel débé pus so,
E sa raoubéto pus fourrado.
D'aillurs, as bioous, coumo al chabal,
Espargnés belcop de trabal,
D'obro è dé péno à tous messachés.
Toun chom l'y gogno è tu tobé,
E sé la primo baï prou bé,
Douplés tous gros è tous fourrachés.
Mé surtout, chaousis un éndréch,
Ni trop humidé, ni trop séch,
Pér la séménço dé la trufo.
Fumo-lou bien è laouro for.
Las raschousos à la pel rufo,
Met-los dé coustat, sons rémor.
Aquel ségoun po dé la bido,
A lou soigna tout té coubido.
Qué de cochs, la maïré è l'éfon,
Sons él, aourion périt de fon :

Et quand arrivera la récolte ,
Si la saison n'est pas trop mauvaise ,
Tu rempliras ta maison de grain.
Si tu veux suivre l'art du laboureur
Sème de bonne heure les blés de mars ,
Dans les champs maigres et dans ceux qui sont exposés au nord.
Conduis au plus droit ta charrue.
Brise la motte autour du rocher.
Quelques gerbes bien grenues ,
Te paieront à la moisson ,
De la peine que tu as prise.
Ne laisses pas reposer ta pioche.
Détruis la ronce et le buisson ,
Sans épargner l'aubepine.
Leurs jets longs et à pointes aigüës ,
Hérissés d'éperons crochus ,
Sont comme l'oiseau de rapine.
Un jour ou l'autre le troupeau
Y laisse la laine et la peau.
Il est temps que tu fermes la bergerie.
Le pâtre ne le voudra peut-être,
Mais prépare-lui sa botte de paille ,
Et plante ton parc au plus tôt.
Là , le fumier , le purin ,
Le suint, tout demeure à terre
Tout le troupeau devient plus sain
Et sa toison plus fourrée.
D'ailleurs , aux bœufs , comme au cheval ,
Tu épargnes beaucoup de travail ,
D'ouvrage et de peine à tes domestiques.
Ton champ s'améliore et tes revenus augmentent.
Et si le printemps est assez favorable ,
Tu doubles tes grains et tes fourrages.
Mais surtout , choisis un terrain ,
Ni trop humide, ni trop sec ,
Pour la semence de la pomme de terre ,
Fume-le bien et laboure profondément,
Les rachitiques à la peau rugueuse ,
Met-les de côté sans remords.
Ce second pain de la vie ,
A le soigner tout t'invite.
Que de fois la mère et l'enfant ,
Sans lui seraient morts de faim :

Quon malur per l'espèço huméno,
Sé jamaï, s'én pérdio la méno !
Qué lou mestré del firmamén
Nous counserbé aquel alimén.
Abon dé trairé la sémenço,
Poudro-lo bien, ambé l'achal,
E bien furat è pas trop chal.
Arresto lou ma, quond coumenço.
Sé quaouqé proucédat noubel,
Soubré l'abis d'un homé saché,
Diou rondré lou produit pus bel,
Crognés pas dé né faïre usaché.
La routino met, à tout pas,
D'éntrabos à l'agriculturo.
Qué ségoundo pas la naturo,
A plén boulon, meissouno pas.
La terro és fécoundo én ressourços,
Pér lou bouriaïré diligén,
Piniastré à l'obro, intelligén,
Jamaï, tarissoun pas sas sourços.
Al nibel de nostrés bésouns,
Mét sas richéssos è sous douns,
Quond dél cors la suzou l'arroso.
Nostré trabal è nostré téms,
Sou pér élo, ce qu'à la roso,
Es l'oundo fresso del printéms.
L'esparset naïs, bité éspeïréjo ;
Laïssés pas peïro dins la réjo.
Lou beïras créissé, à bisto d'uël,
Fort, bien éspés et sons embuël.
La solo néto dé peiraillo,
Pourras coupa lou bégétal,
Sons crogné d'ébrécha lou tal,
Dé la raquéto ou dé la daillo.
Té la gorjo frésso én priténs,
As bioous qué fou la jouncho énticiro.
Saguéjo lous de téms én téms,
E lur plognés pas la litieiro.
Perdiés pas dé bisto jamaï,
Tas aoumaillos è ta mounturo.
Un cop d'uël del mestré ba maï,
Qué fino herbo è grasso pasturo.
Un caba bien entréténgut,

Quel malheur pour le genre humain,
Si jamais on en perdait l'espèce!
Que le maître du ciel,
Nous conserve cet aliment!
Avant de confier la semence à la terre,
Saupoudre-la de chaux,
Mise en poudre et pas trop chaude.
Arrête le mal à son début.
Si quelque nouveau procédé,
D'après le conseil d'un homme sage,
Doit rendre le produit meilleur,
Ne fais pas difficulté de l'employer.
La routine met tous les jours,
Des entraves à l'agriculture.
Qui ne seconde pas la nature,
Ne moissonne pas à pleine faucille.
La terre est féconde en ressources.
Pour le métayer diligent,
Opiniâtre au travail, intelligent,
Jamais ses sources ne tarissent.
Au niveau de nos besoins,
Elle met ses richesses et ses dons,
Quand la sueur de l'homme l'arrose.
Notre travail et notre temps,
Sont pour elle ce qu'à la rose,
Est l'onde fraîche du printemps.
Le sainfoin naît, épierre promptement;
Ne laisse pas pierre dans le champ
Tu le verras croître à vue d'œil;
Fort, bien touffu et droit.
Le sol débarassé de pierrailles,
Tu pourras couper le végétal,
Sans craindre d'ébrécher le tranchant
De ta faucille ou de ta faulx.
Donne fraîche pâture, en printemps,
Aux bœufs qui font la journée entière.
Distribue-leur le sel régulièrement,
Ne leur ménage pas la litière.
Ne perds jamais de vue,
Tes bêtes à cornes et ta monture.
L'œil du maître vaut mieux
Qu'herbe tendre et gras fourrage.
Un cheptel bien soigné.

O léou douplat lou rébéngut.
Soigno bien l'aniel è la mairé.
Té lous luën dél terrén gamaïré.
Ton que beïras lou so baniat
Dé las perlos dé l'aïgoniat,
Prén bien gardo, aouméns qué lou pastré,
Douné pas lou bons al troupel.
Té réspoundrio pas d'un désastré,
S'èro adoun més én éstampel.
Soudo è païs lou bestit dé sédo,
Luèn dé la bacho è dé la fédo.
L'éstaplado, jusqu'al roussi,
L'aïmoun pas gaïré per bési.
Sé ténés à poulido hourtado,
Arroso è saouclo dé countun,
Paro las poulos dél plantun;
Leur laïssés pas la méndro éntrado
Palisso è garnis dé bouïssous,
L'ort sério léou soubré dessous.
La flou noubèlo és éspélido.
La naturo richo è poulido,
Bé dé durbi soun gron plantio.
Baï culi d'uno mo flatouso,
La plantéto proupriétouso,
Pér lou jour dé la malaoutio.
Faï pérbésiou, mét én résérbo,
Prou soubén lous jus d'un brin d'herbo,
Quond dé l'ar monco lou secours;
Uno infusiou proumpto è bien facho,
Ou dé tillul ou dé bourracho,
Arrestoun lou ma dins soun cours:
Lou pouligala, la biouléto,
Lou gramé, la flou dé ségut,
La maoubo à fueillo roundéléto,
Tout sér, quond lou téms és béngut.
Fareï pas la nouménclaturo
Dé las plontos qué la naturo
Nous mét cado on à discrétiou.
Huroux l'homé prudént è saché,
Qué las té préstos pér l'usaché,
Dé sa famillo è pér lou sïou.
Pérbésis l'ousta de baraïré,
Dé marciouré, d'herbo dé tal.

A dans peu doublé le revenu.
Prends grand soin de l'agneau et de la mère.
Eloigne-les des terrains malsains.
Tant que tu verras la terre humide,
Des perles de la rosée,
Prends bien garde au moins que le berger,
N'ouvre pas le parc au troupeau.
Je ne te répondrais pas d'un malheur,
S'il était alors dispersé dans les champs.
Mets dans une loge et fais manger le cochon,
Loin de la vache et de la brebis.
Les autres bestiaux jusqu'à l'âne,
Ne l'aiment guère pour voisin.
Si tu tiens à avoir un beau jardinage,
Arrose et sarcle continuellement.
Chasse les poules du semis;
Ne leur laisse pas le moindre passage.
Palisse et garnis de buissons;
Le jardin serait dans peu de temps sens dessus dessous.
La fleur nouvelle est éclose.
La nature riche et belle
Vient d'ouvrir sa vaste pépinière.
Va cueillir d'une main prudente,
La plante médicinale,
Pour le jour de la maladie.
Fais provision, mets en réserve.
Assez souvent le jus d'un brin d'herbe,
Quand le secours de l'art manque,
Une infusion prompte et bien faite,
Ou de tilleul ou de bourrache,
Arrêtent la maladie dans son cours.
Le poligala, la violette,
Le chiendent, la fleur de sureau,
La mauve, à feuille ronde
Tout sert, quand le temps est venu.
Je ne ferai pas la nomenclature
Des plantes que la nature
Nous donne chaque année, à discrétion.
Heureux l'homme prudent et sage;
Qui les tient prêtes pour l'usage
De sa famille et pour le sien.
Approvisionne ta maison de vératre,
D'ellébore et d'herbes vulnéraires.

Sé per un coutré cop fatal,
Un dés bioous én quittén l'araïré,
Obio bésoun d'un pénsomén,
Li lou forios dins lou moumén.
Répréndrén aquélo pénsado,
Un paou pus tar quon dé l'hiber,
L'haléno gibrouso è glaçado
Régnoro dins lous choms dé l'er.

Lou téms preisso qué ta filléto
Bité oné faïré la cueilléto,
Al baloun émaillat dé flous.
Qué sas manétos poutélados
Chaousissoun las pus émbaoumados,
È las pus richos én coulous.
La margarido, l'églantino,
La biouléto, l'amaranthino,
Lou boutou d'or, s'és éspélit.
Entrélaço los én courouno
Eici, lou més dé la Madouno;
Lou més dé l'on lou pus poulit.
D'uno mo piouso è moudesto,
Baï las paousa soubré sa testo.
Mét ta meinadéto à sous pès.
Counsacrat-bous à soun sérbicé.
Ta démoro à l'abric del bicé,
Séro lou séjour dé la pès.
Hurouso la famillo sénto,
Qué proutèjo sa mo puissénto :
Lou ma s'én sarro pas jamaï.
Sa bido coulo sons nuaché,
E lou dornio jour dé soun âché,
Es coumo un bel soulél dé maï.

Lou bouriaïré laouro è séméno.
Dïous faï naïssé è douno lou creis.
Despiei lous pastrés jusqu'as Reis,
L'homé s'agito è Dious lou méno.
Récounouis toun méstré dins él.
A sa paraoulo lou soulél,
E lous autrés luns dé l'éspaço,
Dins un pïous rabissamén,
Anéroun toutés préné plaço
A la boûto del firmamén

Si par un accident funeste,
Un bœuf, en quittant la charrue,
Avait besoin d'être pansé,
Tu le ferais dans le moment.
Nous reprendrons cette pensée,
Un peu plus tard, quand de l'hiver,
L'haleine givreuse et glacée,
Régnera dans les champs de l'air.

Le temps presse ; que ta jeune fille
Aille sans retard faire la cueillette,
Dans le vallon émaillé de fleurs.
Que ses petites mains potelées
Choisissent les plus odorantes,
Et les plus riches en couleurs.
La marguerite, l'églantine,
La violette, l'amaranthine,
Le bouton d'or, s'il est éclos.
Entrelace-les en couronne.
Voici le mois de la Madone ;
Le mois le plus beau de l'année.
D'une main pieuse et modeste,
Va les déposer sur sa tête
Mets tes enfans à ses pieds.
Consacrez-vous à son service.
Ta demeure à l'abri du vice,
Sera le séjour de la paix.
Heureuse la famille sainte,
Que protège sa main puissante :
Le mal n'approche jamais d'elle.
Sa vie coule sans nuage,
Et le dernier jour de son âge,
Est comme un beau soleil de mai.

Le métayer laboure et sème.
Dieu fait naître et donne l'accroissement.
Depuis les bergers jusqu'aux Rois,
L'homme s'agite et Dieu le mène.
Reconnais ton maître dans lui.
A sa parole le soleil,
Et les autres feux de l'espace,
Dans un pieux ravissement,
Allèrent tous prendre place,
A la voûte du firmament

A tous éfons, à tous méssachés,
Douno l'exémplé dél débé.
Mostro-lur la routo dél bé.
Qué siajoun piousés è sachés.
Bespré è mati qué préjoun Dïous,
E per lous morts è per lous bïous.
Démondo qué l'horo saunouso,
La tartaliègé bérénouso
Siajoun pas mésclados jamaï,
A l'herbo flourido dé maï.
Qué del ciel las richos oundados
Estoufoun l'anièlo è l'asuël,
E dins tas terros fécoundados,
Qué lou granét à bisto d'uël,
Creissio à l'abric dé la témpesto.
Qué pus poulit, dé jour én jour,
Toun caba prouspèré toujours,
Luèn dé la souïro è dé la pesto.
Qué dél malur la lourdo mo
Pésé pas soubré ta famillo.
Del béspré jusqu'al léndémo,
Couijado soubré la ramillo,
Qué répaousé tranquillomén,
Sons méchan raïbé è sons tourmén.
Per trésor, per touto richésso,
Démondo l'ésprit dé sachésso,
L'amour dél bé, l'hourrou dél ma,
Dé sérbi Dious è dé l'aïma.

À tes enfants, à tes serviteurs,
Donne l'exemple du devoir.
Montre-leur la route du bien.
Qu'ils soient pieux et sages.
Soir et matin qu'ils prient Dieu,
Et pour les morts et pour les vivans.
Demande que la funeste prêle,
La cocrête pernicieuse
Ne soient jamais mêlées.
A l'herbe fleurie de mai.
Que du Ciel les riches ondées
Etouffent la nielle et l'ivraie,
Et dans les terres fécondées,
Que le grain, à vue d'œil,
Croisse à l'abri de la tempête.
Que plus beaux de jour en jour,
Tes bestiaux prospèrent toujours,
Loin du loup et des épizooties.
Que du malheur la lourde main
Ne s'appesantisse pas sur ta famille.
Du soir jusqu'au lendemain,
Couchée sur un lit de feuillage,
Qu'elle repose tranquillement,
Sans mauvais rêve et sans tourment.
Pour trésor, pour toute richesse,
Demande l'esprit de sagesse,
L'amour du bien, l'horreur du mal,
De servir Dieu et de l'aimer.

PRIX MOYEN DES GRAINS,

PAR HECTOLITRE,

D'APRÈS LES MERCURIALES DES MARCHÉS DU DÉPARTEMENT

de la Lozère,

PENDANT LE PREMIER SEMESTRE 1850.

MOIS PAR QUINZAINE.		FROMENT		MÉTEIL.		SEIGLE.		ORGE.		AVOINE.	
		fr.	c.	fr.	c.	fr.	c.	fr.	c.	fr.	c.
Janvier	1.re	15	30	11	84	10	40	10	14	7	44
	2.e	15	00	11	84	10	43	8	94	7	45
Février	1.re	14	85	11	67	10	54	8	94	7	43
	2.e	14	99	12	22	10	72	8	94	7	26
Mars	1.re	15	04	12	22	10	69	8	94	7	40
	2.e	15	14	12	39	10	55	9	77	7	19
Avril	1.re	15	46	12	23	10	66	9	75	7	39
	2.e	15	52	12	23	10	73	9	75	7	43
Mai	1.re	15	39	11	93	10	52	9	24	7	09
	2.e	16	34	11	60	10	88	9	31	7	49
Juin	1.re	16	28	12	48	11	50	9	31	8	39
	2.e	16	40	12	74	11	17	10	22	7	28
TOTAUX		185	71	143	39	128	81	113	25	89	24
PRIX MOYEN		15	48	12	11	10	74	9	44	7	44

Mende impr. de J. J. M. IGNON,

SOCIÉTÉ

D'AGRICULTURE, INDUSTRIE, SCIENCES ET ARTS

DU DÉPARTEMENT DE LA LOZÈRE.

BULLETIN DE JUILLET ET D'AOUT 1850.

Séance du 4 juillet 1850.

PRÉSIDENCE DE M. JOURDAIN, Préfet, président d'honneur.

Étaient présents : MM. de Thilorier, président ordinaire; Guyot, président honoraire; Ignon, secrétaire perpétuel; Rous; de Ligonnès; Barbot; O. de Chapelain; l'abbé Baldit; Bon, juge; Vachin, juge de paix; O. Charpal; Laurens, aîné; Marcé; Bécamel, maire; Paradan, juge; Laurens (Paulin); l'abbé Gaillardon; Second; Urbain de Corsac; Chevalier, juge; membres ordinaires et Catalan, membre associé.

A l'ouverture de la séance, M. le général de Thilorier, président ordinaire, exprime à M. le Préfet la vive satisfaction qu'éprouve la Société de son honorable visite qui lui fait espérer son bienveillant appui pour le succès de ses travaux dirigés dans un but d'utilité publique.

M. le Préfet, dans une réponse improvisée, qui a captivé l'attention de l'Assemblée, après avoir parlé de divers objets qui lui paraissaient plus spécialement devoir être traités dans l'intérêt de l'Agriculture, a témoigné à la Société sa vive sympathie et l'a assurée du concours qu'il lui prêterait pour lui venir en aide.

Le procès-verbal de la dernière séance est lu et approuvé.

La Société, procédant ensuite par voie de scrutin individuel, nomme :

Membre ordinaire résidant hors du chef-lieu.

M. d'Agulhac de Soulages, propriétaire à Langogne.

Membres associés.

MM. Ignon (Joseph-Edouard), de Mende ;
Brun, notaire, de Chassagnes, commune de Ribennes ;
Enjolras (François), propriétaire à Langogne.

Le secrétaire perpétuel donne communication de la correspondance qui offre les objets suivants :

Lettre de M. le Ministre de l'agriculture et du commerce, en date du 22 juin 1850, qui accueille la demande de la Société et l'autorise à appliquer à l'achat de taureaux une somme de 150 fr. qui lui avait été allouée pour servir à l'acquisition de béliers.

Lettre de M. le Préfet de la Lozère, en date du 22 juin, qui témoigne de sa sympathie pour les travaux de la Société et accepte l'invitation d'assister à la réunion du 4 juillet prochain.

Bulletin des actes administratifs N° 1177, contenant la circulaire préfectorale, du 7 juin dernier pour porter à la connaissance de la Société celle de M. le Ministre de l'agriculture et du commerce, au sujet d'une exposition des produits industriels de toutes les nations qui doit s'ouvrir à Londres le premier mai 1851.

Lettre de M. Desmolles, en date du 13 juin, qui transmet le rapport qu'il fait en son nom et en celui de ses collègues délégués par la Société pour la représenter à la distribution de primes à la Guiole (Aveyron.)

Il est voté des remerciments à MM. les commissaires.

Lettre de M. Borrelli de Serres, ancien vice-président de la Société, inspecteur général des halles et marchés de Paris, en date du 13 juin 1850, qui fait hommage de deux rapports, parmi ceux qu'il a déjà faits au préfet de police, qui traitent des questions agricoles et commerciales, pouvant offrir quelque intérêt à la Société, à l'appréciation de laquelle il les soumet. — Renvoi à la commission de rédaction.

Bulletin et documents sur le commerce extérieur, d'envoi du ministère de l'agriculture et du commerce.

Communication de publications de la commission française pour l'exposition de l'industrie de toutes les nations, qui doit avoir lieu à Londres en 1851,

De la chambre de commerce d'Amiens,

De l'association pour la défense du travail national, et de celles parvenues à la Société depuis sa séance du 6 juin dernier, envoyées par les sociétés de Douai, la Rochelle, le Mans, Paris (Société d'Horticulture) et Reims.

Sur le rapport de M. P. Laurens, au nom de la commission du budget, la Société, après une discussion assez étendue sur chaque article, adopte son budget pour 1851.

Une commission est ensuite nommée pour l'examen des demandes faites pour l'obtention des primes de moralité. Elle est composée de MM. Rous, de Ligonnès et l'abbé Gaillardon.

Séance du 1er août 1850.

Présidence de M. De Thilorier.

Étaient présents MM. Ignon, secrétaire perpétuel; Rous; de Ligonnès; O. de Chapelain; l'abbé Baldit; Bon, juge; l'abbé Cômandré; Bécamel, maire; Reversat; Paulin Laurens; l'abbé Gaillardon; Second; de Malafosse (Paulin); Planchon, membres ordinaires et Catalan, membre associé.

Le procès-verbal de la dernière séance est lu et approuvé.

Le secrétaire perpétuel communique la correspondance qui offre diverses publications adressées à la Société par M. le Ministre de l'agriculture et du commerce et par les sociétés d'agriculture et académiques de l'Ariége, la Charente, le Gard, l'Hérault, Maine-et-Loire et Reims; de l'école régionale d'agriculture de Saint-Angeau (Cantal), de la séance publique de la Société archéologique de Béziers (Hérault) et les statuts de la Société lyonnaise de secours mutuels pour les ouvriers en soie.

La Société entend ensuite un rapport de M. de Ligonnès, au nom de la commission chargée de l'examen des demandes faites pour l'obtention des primes de moralité; et après quelques observations elle arrête, conformément à son programme du 18 avril dernier, la liste des neuf serviteurs ruraux, savoir : cinq hommes et quatre femmes auxquels des primes en argent et en médailles en bronze, seront décernées dans une séance qu'elle désignera ultérieurement, après la lecture de ce rapport, comme récompense de leur conduite irréprochable, de leurs bons services, de leurs soins intelligents, de leur dévouement rare, etc. etc.

M. Octave de Chapelain, lit un mémoire qu'il a rédigé sur le traitement des engrais ; il sera inséré dans le Bulletin de la Société.

M. le Président dépose sur le bureau des échantillons de cocons, provenant d'une chambrée de vers à soie élevés à Chanac par les soins et aux frais de M. Roux, desservant de Fraissinet-de-Fourques, et il communique une lettre de M. le maire de Chanac, accompagnant cet envoi, qui rend compte des sacrifices faits par M. Roux pour une plantation considérable de mûriers, et l'introduction de cette nouvelle industrie qui occupe déjà quelques ouvriers, et sollicite pour lui une prime afin de le défrayer, en partie, des dépenses qu'il a faites dans un but d'utilité agricole.

La Société, ayant épuisé tous les fonds affectés aux primes d'encouragement pour 1850, a été d'avis qu'il serait répondu à M. le maire pour le remercier de sa communication et lui témoigner le regret de ne pouvoir satisfaire à sa demande pour cette année, aucun crédit n'étant ouvert pour cet objet.

M. l'abbé Gaillardon présente un échantillon de blé du Mesnil Saint-Firmin, et M. Rous lit une notice publiée sur les avantages supérieurs de la culture de cette céréale, à raison de son rendement.

M. Rous, trésorier est invité à faire venir de la semence de ce blé ; qui sera distribuée, à prix de revient, à divers membres qui ont témoigné le désir d'en faire l'essai.

La Société, sur l'observation de plusieurs membres, apporte quelques modifications à son règlement intérieur, dans un but d'amélioration de ses travaux.

1° Elle ajoute deux membres de plus au comité de rédaction et nomme à cet effet M. Octave de Chapelain et M. l'abbé Cômandré ;

2° Elle fixe au premier mardi de chaque mois, ses séances ordinaires, qui se tenaient auparavant le jeudi.

Réunion extraordinaire du 19 août 1850.

Plusieurs membres de la Société ayant eu connaissance de l'arrivée en cette ville de M. de Lamartine, que des liens de parenté y avaient attiré, ont manifesté le désir que la Société se rendît en corps pour lui faire une visite comme composant la Société académique de Mende, et pour lui demander, en même tems, l'autorisation de l'inscrire au nombre de ses membres honoraires.

La Société a été unanime à cet égard.

En conséquence, les membres réunis se sont rendus immédiatement chez M. de Ligonnès, son beau-frère, où il était logé ; M. le Président de Thilorier lui a adressé le discours suivant :

« Monsieur,

« La Société d'Agriculture, Industrie, Sciences et Arts de la Lozère, se trouve heureuse et flattée, de pouvoir être présentée à l'un des hommes le plus remarquables de notre siècle, par son génie littéraire, par l'éloquence, la puissance de sa parole et ses incomparables poésies !

« Tout ce que nous pourrions vous dire à cet égard, Monsieur, n'approcherait pas de la renommée qui vous publie dans tout le monde civilisé, et nos faibles hommages ne sauront vous prouver que notre sympathie, que le bonheur que chacun de nous éprouve par votre présence ici. Bonheur que nous devons à l'estimable, à l'aimable, à l'excellente famille qui vous possède, et comme elle, nous en conserverons un souvenir ineffaçable ; souvenir, qui se perpétuera parmi nos enfants ?

« Après vous avoir remercié de votre bienveillant accueil, nous vous prierons d'accepter nos faibles opuscules, résultats de nos travaux pour la prospérité agricole de notre département, et en même tems, nous sollicitons la faveur d'inscrire, au nombre de nos membres honoraires, le nom à jamais célèbre De **LAMARTINE.** »

M. de Lamartine a répondu en ces termes :

« Messieurs,

« Permettez-moi de ne voir, dans l'honneur que vous me faites, autre chose qu'un prétexte pour ajouter une hospitalité de plus à celle que je reçois dans cette maison, dont l'amitié de Mr de Ligonnès me fait une maison de famille, je n'ai aucun titre à la confraternité agricole dont vous m'honorez, que la haute estime dont je suis pénétré pour les hommes qui cultivent à la fois leur sol et leur intelligence, ces deux champs de Dieu.

« Je me trompe, Messieurs, je puis aussi m'appeler votre collègue en agriculture à trois titres bien modestes, à titre de *Paysan* né dans la campagne, ayant eu mon berceau dans un sillon, et désirant y avoir mon tombeau.

« A titre de Poëte aussi, puisque vous me donnez ce nom, et puisque c'est au sein de la nature champêtre, et non encore retouchée et souvent altérée par l'homme des villes que j'ai contemplé et retracé quelquefois ces grandes scènes ou rurales ou alpestres ou maritimes où l'œuvre de la création nous dévoile à nu tous ses mystères et nous inspire toutes ses adorations.

« A titre enfin d'Homme politique; car une profonde étude de l'humanité m'a démontré ainsi que l'histoire que l'agriculture est fille et mère de la Liberté chez les peuples; que la liberté ne peut subsister sans les mœurs simples et religieuses qui donnent à l'homme toute sa force et toute sa dignité morale; et que toutes les nations républicaines, dans le beau sens du mot, sont des nations agricoles et pastorales comme vous!

« C'est donc seulement ainsi, Messieurs, que j'en accepte le diplôme et les paroles dont votre honorable président l'a encore relevé pour moi. La nature qui paraît ingrate pour vous ne l'est pas. Elle vous sollicite à l'effort qui crée le miracle par ces difficultés même qu'elle vous présente. Elle a posé dans ces magnifiques montagnes un terrible problème devant vous! Vous le résoudrez comme les habitans du *Liban* ou comme vos voisins des *Cevennes* l'ont résolu par l'obstination et par le temps! Recevez-en l'augure pour vos enfants. Permettez-moi de me glorifier dans mon pays, de ce titre de votre collègue, et d'y voir à jamais un souvenir d'hospitalité, et j'oserai dire de confraternité avec vôtre cher et beau pays devenu aussi *le mien* par cette parenté dont vous m'avez fait un titre à tant d'accueil. »

Séance extraordinaire du 27 août 1850.

Présidence de M. De THILORIER.

MM. les membres des divers comités convoqués par M. le président se sont réunis à l'effet d'arrêter les dispositions préliminaires à prendre pour la tenue de la séance publique.

M. le président a annoncé que s'étant concerté avec M. le préfet et M. le président du Conseil général à raison de cette séance ; il avait été convenu que M. le préfet et le Conseil l'honoreraient de leur présence, et témoigné le désir qu'elle fut fixée au dimanche 1er septembre, à 2 heures du soir.

Il est donné ensuite communication des discours qui seront prononcés dans l'ordre suivant :

Discours de M. le préfet;

Discours de M. le président ;

Compte-rendu du secrétaire perpétuel ;

Discours de M. l'abbé Cômandré, sur la langue française ;

Rapport de M. de Ligonnès, sur les prix de moralité :

Poésie patoise de M. l'abbé Baldit.

Il est arrêté que la séance se tiendra dans la galerie du musée ;

La liste des personnes auxquelles il sera adressé des lettres d'invitation, est laissée au soin du chef de la compagnie ;

Le Comité de questure est chargé de l'appropriation du local et de tous autres moyens d'exécution.

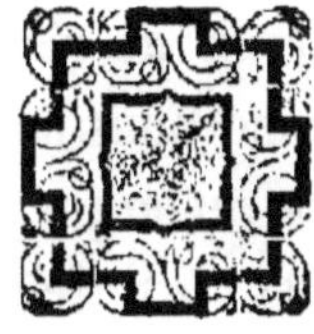

RAPPORT

Fait au nom de MM. les délégués de la Société, pour la représenter à la distribution des primes à la Guiole (Aveyron),

PAR M. DESMOLLES, MEMBRE ORDINAIRE.

Les délégués de la Société d'agriculture de la Lozère au concours de la Guiole, s'empressent de lui adresser leur rapport sur cette importante réunion. Mais ils croiraient n'avoir accompli qu'une partie de leur mission, s'ils se bornaient au récit des faits qu'ils ont été appelés à observer. Les beaux résultats obtenus par nos voisins de l'Aveyron, ne doivent pas exciter en nous un stérile sentiment d'admiration ; nous pouvons encore y trouver une source de précieux enseignements et d'utiles exemples. Ce n'est pas seulement, en effet, aux riches herbages de leurs montagnes que les habitans de l'Aubrac et des cantons environnants doivent la belle race bovine dont ils sont fiers à si juste titre. Une large part du succès appartient incontestablement à leurs soins intelligents et à leur esprit progressif. Aidés du savoir et de l'expérience des agriculteurs distingués que nous avons été heureux de rencontrer à la Guiole, nous avons recherché les conditions au milieu desquelles se sont accomplis les progrès si remarquables qui ont été réalisés depuis quelques années, et c'est le résultat de ces études que nous soumettons aujourd'hui à la Société.

La distribution des primes a eu lieu sous les auspices de la Société d'agriculture de Rodez, laquelle avait délégué pour présider cette réunion, plusieurs de ses membres et son honorable président. M. le Ministre de l'agriculture y était représenté par un inspecteur divisionnaire ; enfin les Sociétés du Lot et de la Lozère s'étaient associées à cette fête agricole par leurs délégués.

La municipalité de la Guiole, ainsi que les membres du comice cantonal n'avaient rien négligé pour donner à cette solennité tout l'éclat compatible avec les ressources d'une petite localité. Une estrade, surmontée d'une tente décorée avec goût était préparée pour la distribution des primes. Des poutres solidement fixées sur deux rangs parallèles, en permettant d'attacher les bestiaux, rendaient plus faciles les opérations des juges du concours et prévenaient les embarras et les dangers de l'encombrement. En somme, les dispositions préliminaires destinées à maintenir l'ordre avaient été prises avec une entente parfaite.

Les primes uniquement destinées à encourager l'amélioration de la race bovine, n'ont été décernées qu'aux animaux reproducteurs. Les taureaux et génisses de deux ans ont seuls été admis à concourir.

Pour faire la part de toutes les positions et surtout de la petite propriété qui n'eût pu soutenir la concurrence d'éleveurs aussi habiles que MM. Colrat, Labarthe, Baduel et autres, les animaux présentés par chaque propriétaire avaient été divisés par groupes, en raison de leur nombre et à chaque groupe étaient affectées des primes spéciales ; ainsi, les groupes de taureaux de quatre et au dessus avaient droit à six primes ; ceux de trois et au-dessous en ont obtenu dix.

Les lots de huit génisses et au-dessus ont reçu sept primes, dix ont été attribuées à ceux de sept à quatre et dix-sept enfin à ceux de trois à une. Trois médailles d'or ont été aussi décernées aux concurrents qui avaient remporté les premiers prix et dont les magnifiques élèves méritaient bien cette distinction ; MM. Colrat et Labarthe se sont partagés la première prime attribuée aux groupes de quatre taureaux. Mais les génisses présentées par M. Colrat n'ont pas trouvé de rivales, et défiaient toute concurrence, sous le rapport de l'ensemble, du développement et de la beauté des formes. Notre admiration pour ces magnifiques animaux ne doit pas nous rendre injustes pour les produits très-remarquables sortis des vacheries de MM. Baduel, Valadier, Goldemar, Anglade et de Madame veuve Calmel, qui se faisaient distinguer, même à côté de leurs vainqueurs.

Enfin une mention honorable a été accordée à notre compatriote M. Vincens, notaire à Marvejols, pour quatre beaux taureaux, élevés sur sa propriété des Salles, que leur provenance Lozérienne n'a pas permis d'admettre au concours, où, de l'aveu de tous, ils auraient probablement figuré au premier rang. Vos délégués pensaient, que ces animaux destinés à faire la monte sur des montagnes qui reçoivent annuellement un nombre considérable de vaches de l'Aveyron, étaient d'une incontestable utilité pour les agriculteurs de ce département et qu'ils ne devaient pas être privés des encouragements qu'il consacre à l'amélioration de sa race bovine. Cette opinion n'a pu prévaloir contre le sens formel du règlement qui attribue les primes aux seuls bestiaux Aveyronnais. Mais tout en maintenant à regret pour cette fois une injuste exclusion, MM. les membres de la Société d'agriculture de Rodez ont exprimé l'intention de provoquer des modifications à leurs règlements qui permettront à nos compatriotes de l'Aubrac de prouver qu'ils ne se sont pas laissé devancer par leurs voisins dans la voie du progrès.

L'ensemble des animaux présentés dont le nombre s'élevait à plus de 300, était très-remarquable sous tous les rapports. On pouvait observer chez tous ces sujets un certain air de famille et une réunion de caractères particuliers qui constituent une race bien distincte. Nous n'avons pas à rechercher ici si la race actuelle d'Aubrac provient, comme le pense M. Grognier, professeur à l'école vétérinaire de Lyon, de celle de Salers, qui se serait affaiblie en se dépaysant, ou bien si elle ne serait que la race de nos montagnes granitiques, perfectionnée et agrandie, sous l'influence d'une alimentation plus abondante et de soins plus intelligents. Quoiqu'il en soit de son origine elle est arrivée aujourd'hui à un degré de perfectionnement qui la classe parmi les meilleures races indigènes et étrangères. Voici ses principaux caractères.

Sa robe varie du noir au rouge vif, cependant, le poil fauve clair, avec les joues et les oreilles brunes, *Marnel*, est le plus estimé et le plus répandu dans le pays. La taille du bœuf d'Aubrac est un peu moins élevée que celle du bœuf de Salers, son poids est de 4 à 450 kilos ; la tête est courte, le muffle gros et le front large. Les cornes de moyenne longueur sont ordinairement bien placées. La poitrine est large et profonde, le fanon bien détaché et pendant jusqu'aux genoux, le corps trapu, les jambes courtes et fines, le jarret droit et nerveux. M. Grognier qui nous a donné, il y a quelques années (en 1837), une excellente monographie de cette race, lui reprochait son peu d'aptitude au travail, des formes anguleuses et un arrière-main étriqué.

Les critiques du savant professeur seraient injustes aujourd'hui. Grâce à la sévérité apportée dans le choix des reproducteurs, ces défectuosités ont a-peu-près disparu et à quelques rares exceptions près, nous avons été frappés de l'ampleur et de l'élégance des formes des nombreux sujets qui ont passé sous nos yeux avec une meilleure conformation, les bœufs de l'Aubrac, ont acquis des qualités précieuses qu'ils ne possèdaient qu'imparfaitement; ainsi ils ont gagné une remarquable aptitude au travail, sans rien perdre de leurs dispositions à l'engraissement.

Il est cependant un point qui mérite de fixer sérieusement l'attention des éleveurs de ces montagnes pour lesquels la fabrication du fromage est une branche si importante de revenu. C'est que leurs vaches sont mauvaises laitières et bien inférieures sous ce rapport à celles du Cantal et même à la race si chétive de nos plateaux granitiques. Il est sans doute difficile de réunir l'énergie des bonnes bêtes de travail avec une abondante production de lait ; cependant nous persistons à croire que ces deux qualités ne s'excluent pas aussi radicalement qu'elles paraissent le faire dans la race d'Aubrac, et qu'en dirigeant leurs efforts vers cette nouvelle amélioration, la seule du reste que nous ayons à leur signaler, les agriculteurs de ces contrées obtiendront des résultats aussi heureux que ceux qu'ils on déja réalisés.

Il nous reste maintenant à faire la part des causes diverses qui ont concouru à produire les améliorations que nous venons de signaler. Les encouragements de toute espèce, les primes considérables, (elles ont atteint cette année le chiffre de 3,800 fr.) accordés aux bêtes d'élève et particulièrement aux taureaux, en multipliant le nombre des bons étalons doivent avoir utilement contribué à faire disparaître les vices de conformation de la race primitive et à lui donner les belles formes qui la distinguent aujourd'hui. Mais, à notre avis, la cause la plus décisive des progrès obtenus, se trouve dans l'adoption d'un meilleur système d'agriculture, tous les faits que nous avons pu observer directement, comme les renseignements que nous avons recueillis confirment la vérité de cette loi générale qui fait de la taille et de la beauté des animaux domestiques, une conséquence d'une culture perfectionnée et dans laquelle les plantes fourragères occupent une large place.

Ce qui est incontestablement vrai pour les propriétés de la plaine ne l'est pas moins pour celles de la montagne. La nature ne fait pas tous les frais de leurs riches herbages et là, comme partout, elle a besoin d'être secondée par le travail et l'intelligence de l'homme. Des montagnes épuisées par l'imprévoyance et l'incurie des fermiers ont doublé de valeur en quelques années, grâce aux améliorations introduites par les propriétaires dans le mode de leur exploitation. Eh bien, sur les plateaux comme dans la plaine, la race bovine a suivi toutes les variations de l'agriculture, elle s'est affaiblie ou relevée dans une proportion constante avec la richesse des pâturages et des prairies.

Nous devons conclure de tout ce qui précède, qu'une abondante production de fourrages est la première condition de toute amélioration sérieuse de nos animaux domestiques.

On chercherait inutilement à se soustraire à la sévérité de cette règle qui n'admet pas d'exception. Une mauvaise agriculture ne peut élever que des bestiaux maigres et chétifs comme ses autres produits. Les pays qui ne veulent pas entrer dans les voies que nous venons d'indiquer, doivent se résigner à conserver la race qu'il possèdent déjà, sous peine de s'exposer à de cruelles déceptions et de s'épuiser en stériles efforts. C'est envain qu'on emprunterait des étalons de choix aux races les plus perfectionnées, l'invincible nature reprendrait son empire et ramènerait bientôt les races animales au niveau des moyens de subsistance.

Vos délégués doivent en finissant, exprimer leur reconnaissance pour l'accueil cordial et tout fraternel qu'ils ont reçu à La Guiole. Un Banquet offert par les membres du Comice a terminé cette journée si utilement remplie. L'honorable M. de Monseignat, s'est rendu l'interprète des sentiments qui animaient tous les membres de la réunion. Il a rappelé les souffrances de l'industrie agricole, ses immenses services et l'état d'abandon où elle a été laissée jusqu'à ce jour. L'isolement des cultivateurs, qui ne leur permet pas de s'entendre et de combiner leurs efforts a été signalé par lui comme la principale cause de l'état stationnaire de l'agriculture. Aussi a-t-il, au nom de la Société de l'Aveyron, exprimé l'intention de provoquer la réunion d'un congrès d'agriculteurs des montagnes du centre, réunion dont les évènements politiques avaient rendu l'ajournement nécessaire.

Nous avons dû nous associer entièrement aux sentiments et aux idées si bien exprimés par M. le président de la Société de Rodez et nous avons crû interprêter fidèlement vos intentions, en appuyant par quelques considérations, le projet de réunion d'un congrès. Nous savions qu'en 1848 cette idée avait été accueillie par vous avec faveur, et les circonstances si défavorables qui pèsent aujoud'hui sur les cultivateurs, lui donnent un nouveau caractère d'utilité et d'urgence.

SUR LE TRAITEMENT
DES ENGRAIS,

PAR M. OCTAVE DE CHAPELAIN, MEMBRE ORDINAIRE.

MESSIEURS,

En vous parlant des engrais, je n'ai point la prétention de traiter cette question au point de vue de la théorie scientifique; je ne saurais pas le faire, et d'ailleurs en fusse-je capable je m'en abstiendrais, car je crois que dans notre pays cette doctrine, si vraie qu'elle soit, trouverait peu d'adeptes. Il ne faut demander, selon moi, aux cultivateurs de la Lozère que des améliorations insensibles peu coûteuses, et dont la réussite leur soit bien démontrée. Me restreignant donc dans ce cadre modeste, je vais vous dire quelques mots sur la manière de soigner les fumiers, d'en augmenter la quantité et la puissance, et sur le moyen de donner une fumure plus abondante sans inconvénients

J'ai dit ailleurs que le trop long séjour des fumiers dans les écuries était funeste aux animaux et surtout à ceux de de la race chevaline; je dis ici qu'il est encore préjudiciable à l'engrais lui-même: tout le monde sait que le fumier, se forme par la décomposition et la combinaison des matières animales et végétales, et que cette œuvre est produite par le fermentation. On sait aussi que cette fermentation a besoin du contact de l'air; il est donc facile de comprendre qu'elle se fera plus vite et plus complètement dans la cour que dans des écuries aussi peu aérées que les nôtres. Le fumier doit donc être porté à l'extérieur, au moins une fois par semaine. Pour faciliter cette opération, on fera bien si cela se peut, de pratiquer au niveau du sol de l'écurie une ouverture de 40 à 50 centimètres en carré qui communique avec le lieu où doit être déposé le fumier. Une rigole d'écoulement, dirigée vers cette ouverture amènerait sur la masse du fumier le purin (les eaux) qui se produit si abondamment dans les étables. Les lieux une fois disposés ainsi, on voit que le nétoyage devient très-facile et très-prompt puisqu'il ne consiste plus qu'à donner quelques coups de fourche ; l'emploi des brouettes et des paniers est supprimé. Lorsque l'opération est finie on ferme l'ouverture avec un volet rustique, par-dessus lequel il doit y avoir un petit trou pour l'écoulement continu du purin. Cette amélioration sera jugée très-commode et ne coûtera rien, car le cultivateur peut la faire lui-même dans les jours de pluie : mais pour qu'elle soit complète, il faut que la disposition des lieux permette d'établir le magasin à fumier à un niveau inférieur à celui de l'écurie. Dans l'état actuel, le purin est à peu près perdu, si au contraire on peut l'amener sur le fumier, il augmentera la force de la fermentation et l'engrais sera plutôt fait et plus puissant. Il faut que la surface du fumier soit toujours humide; si la quantité de purin est insuffisante on l'arrosera de temps en temps.

Pour que la fermentation soit dans de bonnes conditions il faut de l'humidité cela est connu, mais ce qu'on ne sait pas assez c'est qu'il ne faut pas trop de liquide. L'expérience a prouvé que la paille plongée dans le purin n'était pas complétement pourrie au bout de deux ans. Il convient donc d'établir le fumier sur un sol dur et légèrement en pente, de manière à amener l'excédant de liquide dans une fosse tout à côté, et c'est avec cela qu'on arrosera le fumier quand il en aura besoin. Si cette ressource ne suffit pas on y suppléera avec de l'eau.

Je dois dire en passant, que le purin employé à l'irrigation au moment de sa formation produit un mauvais effet; à cause des principes acides qu'il contient, mais que si on le laisse reposer deux ou trois jours sous l'influence de l'air atmosphérique, il subit une fermentation qui lui donne des principes fécondants. Chacun de vous peut avoir vu que la partie des prairies qui touche l'égout des étables est toujours ce qu'on appelle brûlée.

On se plaint généralement de la pénurie des engrais et on l'attribue au peu de paille que l'on peut employer en litière. Je conviens que pour quelques localités cette raison peut avoir de la force, et bien que je ne la regarde pas comme insurmontable, je l'accepte parce que encore une fois je ne veux pas m'ériger en réformateur, mais seulement indiquer des améliorations faciles, pratiques et à la portée de toutes les intelligences comme de toutes les bourses. J'admets donc que la paille manque pour faire assez de fumier. Il faut y suppléer, et on le peut car il n'y a pas de pays qui n'offre quelque ressource: soit des feuilles d'arbres, à l'entrée de l'hiver; soit des fougères, du buis etc.; soit enfin toute espèce de végétaux, même le genêt si commun dans la Lozère, et qui est regardé comme incorruptible; on en dit à peu près autant de la feuille de chêne. Il est vrai que si l'on laisse agir la nature sans l'aider, on ne pourra obtenir aucun résultat satisfaisant, mais si l'on prend la peine de lui aider on obtiendra des succès faciles.

Choisissons pour notre expérience, la plus commune et la plus difficile à pourrir de toutes les matières que le fermier peut avoir à sa disposition, le genêt. Si nous pouvons utilement employer cette substance, nous n'aurons aucun doute sur les autres.

Je fais hacher le genêt en morceaux longs comme le doigt environ 10 centimètres. Si dans ma ferme il existe un passage que les animaux traversent souvent je l'y fais répandre et l'y laisse jusques à ce que leur piétinement soit parvenu à le concasser. Si je n'ai pas cette ressource, je le faits battre avec un bâton sur un billot de bois ou sur une pierre platte, cette opération a pour but de déchirer l'épiderme pour faciliter la fermentation qui sans cela serait beaucoup plus lente. On remarquera que jusques à présent tout le travail peut-être fait par des enfants et peu-à-peu. Ma matière première ainsi préparée, j'en répands une couche de 10 à 15 centimètres d'épaisseur, au fond de la fosse à fumier dont j'ai donné la description ; je saupoudre cette couche avec de la chaux *éteinte* à l'air, un centimètre peut suffire, je superpose une autre couche de genêt semblable à la première puis une de chaux et je termine par une de genêt, j'arrose légèrement cette masse et laisse ensuite agir la nature sans autre soin que d'entretenir ce mélange dans un état d'humidité.

On voit que ceci n'est ni difficile ni coûteux ; c'est un travail de femmes et d'enfants qui peut se faire dans ce qu'on appelle les moments perdus; la matière première est sans valeur, tous les végétaux sont bons, il n'y a à débourser que le prix de la chaux et comme il en faut bien peu cette dépense ne peut arrêter personne, que l'on fasse donc un essai en petit, et pourvu que l'on obtienne une demi satisfaction on ne devra pas hésiter à procéder en grand ; car il est bien connu que les agents de fermentation les plus puissants deviennent faibles quand ils ne fonctionnent que sur de petites quantités. Ainsi on ne fera jamais de vin passable avec une livre de raisin du meilleur cru.

Puisque je parle des diverses matières avec lesquelles on fait des engrais, on doit confirmer ici l'opinion de quelques auteurs qui affirment que la paille des céréales qui ont été attaquées du charbon font un fumier qui porte le germe de cette terrible maladie, et le transmet à la future récolte. Ceci peut expliquer la propagation de ce fléau malgré les chaulages les plus énergiques, le renouvellement de la semence, et la pureté de la terre.

On voit des cultivateurs qui ne veulent pas augmenter la masse de leur engrais parce que disent-ils s'ils en mettaient davantage ils *brûleraient* la terre. A leur point de vue ils ont raison. L'expérience est pour eux, trop de fumier nuit à la récolte ; mais au point de vue de la saine agriculture ils sont dans une funeste erreur. La quantité de fumier doit être proportionnée, toutes choses égales, à la quantité de terre soulevée par la charrue, voilà la vérité ; par conséquent si on augmente la quantité de terre soulevée, on peut et on doit augmenter la fumature ; pour cela il ne s'agit que de donner plus d'entrure à la charrue. On objectera que le sous-sol est infertile, et que si on amène à la surface la *terre amère* on nuira à la récolte. A cela je réponds par expérience qu'en procédant insensiblement on ne risquera rien ; mais qu'au contraire on augmentera la fertilité du sol et on amoindrira les pertes qu'occasionne trop souvent la sécheresse.

Pour me faire mieux comprendre je vais parler avec des chiffres. Nos terres à seigle qui forment la généralité du domaine arable de la Lozère, ne reçoivent que des labours très-superficiels dont on ne peut pas évaluer la profondeur réelle à plus de dix à douze centimètres. C'est cette même couche de terre qui est exclusivement chargée de fournir aux besoins de la végétation ; et sa composition étant d'ailleurs sablonneuse, on conçoit qu'il ne lui faut pas une trop grande dose d'engrais. On conçoit également, qu'étant aussi peu profonde, elle soit par cela même très-accessible à la sécheresse, et que la production d'une seule récole la condamne au repos. Eh bien je voudrais que deux fois par an, en faisant les labours ordinaires on donna un centimètre de plus d'entrure à la charrue. Cette légère couche de deux centimètres ajoutés chaque année en deux fois, et mêlée à l'ancienne couche végétale dans laquelle elle n'entrera que dans la proportion d'un sixième la 1.re année, d'un 7.e la seconde etc. exigera une addition de fumier ; elle ne pourra pas nuire à la première récolte et sera très-profitable aux suivantes. Par ce moyen on aura au bout de 5 ou 6 ans doublé la profondeur du sol arable, on aura rendu facile la culture des plantes fourragères, ainsi que celle des récoltes intercallaires, mais l'avantage le plus précieux sera d'avoir diminué la chance de la sécheresse qui trop souvent désole nos contrées principalement ce que nous appelons la montagne et les causses.

Ne croyez pas, Messieurs, que ce que je viens de vous dire soit le résultat d'une théorie de cabinet; c'est de ma propre expérience que ce conseil découle. J'avais un champ qui fut labouré par moi, à une profondeur double de celle qu'on donnait le même jour, à une pièce de terre contigue et identique à la mienne, la sécheresse survint, mon voisin eût une mauvaise récolte, la mienne fût une bonne moyenne, il avait ri avant, il ne rit plus après. Ce système a été employé à Fabrèges, et je crois aussi à Langogne.

On prétend que peu de champs pourraient se prêter à l'approfondissement du sol, parce qu'on trouverait tout de suite le rocher. Je crois au contraire que les terres dans cette condition sont beaucoup plus rares qu'on ne parle, et d'ailleurs si ce n'est qu'un roc de moyenne dureté, on peut encore l'attaquer avec le soc et obtenir un résultat lent mais réel. On a encore fait cela à la ferme-modèle de Fabrèges.

J'ai rempli, Messieurs, la tâche que je m'étais imposée. J'ai indiqué quelques améliorations simples, faciles, et surtout peu coûteuses ; c'est bien peu de chose en apparence, et cependant il peut en résulter un grand progrès. Si j'indiquais une culture inconnue, une méthode nouvelle, on pourrait craindre de compromettre son temps et son argent, mais je me borne à dire la manière de faire non pas autrement, mais mieux que l'on ne fait. Les innovations viendront naturellement lorsque l'on aura apprécié les améliorations. Quand les animaux se porteront mieux et seront plus vigoureux, lorsque les champs seront devenus plus fertiles par l'augmentation du sol et de l'engrais, la conséquence naturelle sera de leur demander davantage.

Je ne reconnais qu'un obstacle qui puisse empêcher un cultivateur intelligent de suivre mes conseils ; c'est la résistance routinière des valets de ferme, qui se refuseront à faire tout ce qui sortira des anciennes coutumes. Cet obstacle est grand, il faut de la part du maître une persistance opiniâtre pour le surmonter, j'ai soutenu cette lutte, j'ai fait ce que j'ai voulu, ceux qui le voudront bien pourront donc aussi vaincre cet obstacle.

Mende, le 28 juillet 1850.

Oct. de CHAPELAIN,
Membre des Sociétés d'agriculture du Gard et de la Lozère, correspondant du Comice agricole d'Alais.

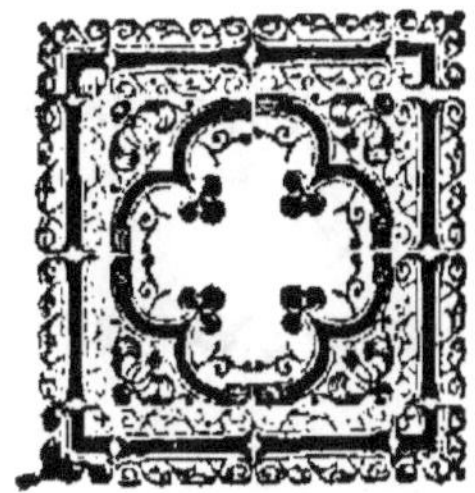

BUDGET

Des Recettes et des Dépenses pour l'année 1851.

RECETTES.

1.re Section. — *Cotisation des membres de la Société.*

Cotisations de 60 membres ordinaires, à 10 fr.	600 fr.	800 fr.
id. 40 id. associés, à 5 fr.	200	

2.e Section. — *Subventions accordées à la Société.*

Subvention demandée sur les fonds départementaux	1,000 fr.	2,000 fr.
id. de l'Etat	1,000	

Total des recettes 2,800 fr.

DÉPENSES.

1.re Section. — *Administration et publications.*

Frais de bureau	100 fr.	700
Impression du Bulletin	500	
Affranchissement du Bulletin et de la correspondance	100	

Report......	700 fr.	900 fr.
Salaire du concierge............	40	
Entretien du musée............	60	
Achat de livres, souscriptions et reliures..................	100	

2.me SECTION. — *Encouragements.*

Achat de taureaux et de béliers pour l'amélioration des races.....	500 fr.	1,900 fr.
Médailles et prix aux serviteurs ruraux....................	250	
Médailles et prix pour la fabrication des tissus.................	150	
Achat et distribution de graines maraîchères...............	80	
id. fourragères....	320	
Reboisement..................	600	

Total des dépenses... 2,800 fr.

BALANCE.

Recettes ..... 2,800 fr.

Dépenses..... 2,800

Différence	En excédant	»	»
	En déficit	»	»

Arrêté en séance le 4 juillet 1850.

MENDE, IMPRIMERIE DE J. J. M. IGNON.

SOCIÉTÉ

D'AGRICULTURE, INDUSTRIE, SCIENCES ET ARTS

DU DÉPARTEMENT DE LA LOZÈRE.

BULLETIN DE SEPTEMBRE ET OCTOBRE 1850.

Séance publique du 1.er septembre 1850.

PRÉSIDENCE DE M. DE THILORIER.

Étaient présents : MM. Guyot, président honoraire ; Ignon, secrétaire perpétuel ; Rous ; De Ligonnès ; Renouard ; Barbot ; Degand ; l'abbé Baldit ; Bon, juge ; Vachin, juge de paix ; Od. Charpal ; Pagès, substitut ; Laurens, aîné ; l'abbé Comandré ; Bécamel, maire, Laurens (Paulin) ; l'abbé Gaillardon ; Second, De Malafosse (Paulin) ; l'abbé de Charaix ; Cabot de la Fare ; Laporte de Belviala ; d'Espinassoux (Achille) ; De Colombet ; Grousset ; De Framond ; Balmelle (Amédée) ; Teissonnière (Camille) ; Brun de Villeret, membres ordinaires, et MM. De Chapelain (Joseph) ; Bonnet, notaire ; Portal, notaire ; l'abbé Cornède ; Catalan ; Ignon (J.-Edouard) ; Ignon, conseiller à la cour d'appel, membres associés.

La Société s'est réunie dans la galerie de son musée. Le local avait été disposé d'une manière appropriée à cette solennité qui a été honorée de la présence de MM. les membres du Conseil général et d'un auditoire d'élite dans lequel se trouvaient des dames.

M. le Préfet n'ayant pu se rendre à l'invitation qui lui avait été faite d'ajouter à l'éclat de cette séance, par sa présidence d'honneur, M. le général de Thilorier, président ordinaire, a occupé le fauteuil, ayant à sa droite M. Guyot, président du Conseil général et à sa gauche M. le conseiller, Laporte de Belviala.

M. le président de Thilorier a ouvert la séance par le discours suivant :

Messieurs,

La Société avait espéré que M. le Préfet, notre président d'honneur, aurait ouvert la séance ; une indisposition nous prive de sa présence et me laisse la parole, elle sera bien faible comparativement à l'éloquence dont ce premier magistrat nous a donné des preuves, en venant, à peine arrivé, partager nos travaux et nous assurer de sa bienveillance pour tous nos intérêts agricoles.

Je dois compter sur votre indulgence, Messieurs, pour écouter les quelques mots qui vont vous être adressés par un vieux soldat, plutôt que par un orateur.

Messieurs,

Dans un moment où la conciliation de tous les intérêts, de tous les partis, de toutes les classes de la Société devient chaque jour plus indispensable, non-seulement au maintien de l'ordre, mais encore au maintien de la civilisation, à laquelle se rattachent essentiellement les progrès de l'agriculture, nous sommes heureux de voir venir encourager les travaux de notre Société, par la présence des sommités de notre département, appelées par le choix du peuple à en diriger la bonne administration.

Parmi les devoirs qui nous sont imposés, il est d'une grande utilité d'éclairer les populations sur un sujet qui l'intéresse au plus haut degré et qui a tant de fois été la cause de troubles, d'émeutes, de sang répandu sur les places publiques.

Il s'agit de la production et de la consommation des blés, principal élément de nutrition ; du haut prix de certaines époques, de ses causes, de ses effets, de l'avilissement du prix actuel, et des résultats désastreux qui pourraient en être la suite.

A ce sujet, j'emprunte, par extrait, ce qu'a dit M. *Turin*, membre de la Société d'agriculture du département du Cher, dans un excellent discours qu'il a prononcé dans la séance du 4 mai dernier, de cette Société.

Ainsi il a dit :

« Plusieurs erreurs de la plus haute gravité et dont les partis se sont souvent emparés pour exciter les classes laborieuses, sont généralement répandues dans la population, et y sont devenues une croyance, même parmi les ouvriers des campagnes, qui sont mieux à même que ceux des villes, de juger l'importance locale des récoltes et la différence considérable de leur rendement. »

La 1.re de ces erreurs, est de croire que la France, année moyenne, produit suffisamment pour nourrir pendant 2 ou 3 ans son immense population; que le renchérissement des grains ne provient que des accaparements et des exportations.

La 2.me, que plus le cultivateur vend cher, plus il a de bénéfice.

La 3.me enfin, que pour que l'ouvrier soit heureux, il faut que le blé soit à vil prix.

Ce n'est qu'en éclairant la classe laborieuse qu'on pourra parvenir à détruire des erreurs, qui souvent ont été funestes, et en s'appuyant sur des documents officiels.

L'agriculture française a fait depuis 35 ans, surtout, de grands progrès.

Aujourd'hui sur 100 hectares la France en possède en culture 54, (suivant l'annuaire de l'économie politique et de la statistique pour 1850, page 368 et 369), ainsi nous voyons les disettes et les famines moins fréquentes que par le passé.

Au 17.me siècle en 100 ans on compte 33 disettes et 11 famines.

Au 18.me en 90 ans on compte 28 disettes et 9 famines.

Au 19.me, c'est-à-dire pendant les 50 ans qui viennent de s'écouler, on compte 12 disettes et 2 famines, ce qui fait pendant cette période de deux siècles et demi, 5 famines ou disettes par 5 ans.

Nos historiens comptent 26 famines au 11.me siècle et 51 au 12.me sans compter les années de disette.

Ceci prouve l'ancienneté du mal et n'y remédie pas ; il faut chercher dans nos moyens de production, encore imparfaits et dans l'accroissement prodigieux de la population, car malgré les efforts de l'agriculture, ce qui tend sans cesse à augmenter la production, il faut qu'elle soit favorisée par des conditions atmosphériques bien propices et bien rares, pour que la récolte, si belle qu'elle soit, puisse fournir la consommation.

Dans une période récente de 27 années de 1815 à 1841 la production en froment n'ayant pas égalé la consommation, il a été introduit 21 millions d'hectolitres de blés étrangers, représentant une valeur de 464 millions de francs, au prix moyen de 22 francs l'hectolitre (prix exagéré selon moi), a dit M. Guillemain, dans son rapport au nom de la commission des subsistances, (congrès central, séance du 27 mars 1847) ; que serait-ce donc si la période eût été prolongée de 7 ans, et que l'on eût compris la campagne de 1846 à 1847, qui a coûté 172 millions pour l'achat de blés étrangers.

Ce qui prouve encore les efforts de l'agriculture, c'est qu'en 1700 l'hectare ne rendait en moyenne que 6 hectolitres, suivant M. *Delabaire*, (séance du congrès central du 29 mars 1847). En 1785, 6 hectolitres 2 litres, et plus tard la progression s'est encore élevée, car aujourd'hui la récolte moyenne en France est de plus de 70 millions d'hectolitres, tandis qu'elle n'était en 1784 que de 40 millions, ce qui représente pour chaque personne 208 litres pour le présent, au lieu de 167 litres comme jadis, c'est environ un quart en sus ; et cependant la population s'est augmentée de 13 millions d'individus en 86 ans.

L'immense consommation des céréales en France tient précisément à l'usage trop général parmi les classes ouvrières de baser presque toute leur nourriture sur la consommation du pain ; l'accroissement prodigieux de la population est aussi la cause de l'insuffisance des récoltes.

Il est constant que nous sommes obligés d'avoir recours à la production étrangère, parce que la France ne produit pas assez, en moyenne, pour la consommation, et il est démontré que les exportations et les accaparements, ne peuvent être la cause du renchérissement des céréales.

La loi du 15 avril 1832, mieux encore, que celle du 16 juillet 1819 et 4 juillet 1831 a pour but de protéger le producteur et le consommateur ; elle consiste à permettre l'introduction des grains étrangers, quand le prix s'élèvera au-dessus de certaine limite sur les marchés régulateurs, comme aussi de permettre l'exportation des blés indigènes lorsque le prix sur les mêmes marchés se seront abaissés au-dessous des tarifs annexés à cette loi.

Il ne peut donc sortir des blés pour l'exportation que lorsque les prix du marché régulateur sont tombés au-dessous d'une limite fixée par la loi ; c'est-à-dire lorsqu'il y a véritablement abondance ; les craintes sur l'exportation sont donc chimériques ; il en est de même pour les craintes d'accaparement.

Pour accaparer les blés, il faudrait des capitaux immenses, une armée de commis et des magasins dont personne ne peut se faire une idée ; si l'on n'accaparait qu'une petite quantité, pour 15 ou 20 millions, par exemple, on ne produirait qu'une hausse insensible sur les marchés en général, et quand bien même, une compagnie assez forte, assez puissante, pourrait se former, et réunir plusieurs centaines de millions, ce qui paraît impossible, elle n'aurait qu'une ruine certaine en perspective ; car, à mesure que les prix hausseraient, les blés étrangers arriveraient dans nos ports, pour passer immédiatement à la consommation.

Les renchérissements ne proviennent, en général, que du rendement, plus ou moins considérable des récoltes, qui toujours sont insuffisantes 4 fois au moins sur 5 ; ce dont il est impossible de douter quand on sait 1.° que la différence de la production en froment, seigle, orge, méteil est de 34 millions d'hectolitres, entre une mauvaise récolte et une récolte abondante ; 2.° de 8 à 9 millions d'hectolitres entre une mauvaise récolte et une récolte ordinaire, et 3.° que cette différence est de 20 à 22 millions entre une bonne et une mauvaise année.

Il n'est pas plus raisonnable de croire que plus le cultivateur vend cher plus il a de bénéfice ; ce qui fait véritablement le bénéfice du cultivateur, c'est l'abondance ; les frais de culture, les impôts, les charges de toute nature qui pèsent sur les producteurs ne varient pas en raison de la bonté de la récolte, ou du déficit qu'elle présente, le prix de revient, le prix courant est donc basé sur le rendement plus ou moins abondant de la moisson qui a été faite et comme il faut en définitive que les cultivateurs payent leur charge, avec les produits de la récolte ; plus les produits sont rares plus ils sont obligés de les vendre chers, cela se comprend facilement ; mais ce qu'on ne prend pas la peine d'examiner c'est que plus les blés sont rares, plus les frais augmentent pour les cultivateurs ; car les ensemencements, leur nourriture, celle de leur famille, de leurs ouvriers lui coûtent bien plus cher quand le blé revient, on suppose de 20 à 25 francs prix courant, que lorsqu'il ne coûte réellement que 15 ou 16 francs ; dans les mauvaises années ils ont moins de paille, dès-lors moins de nourriture et de litière pour les animaux ; dès-lors moins de bénéfices sur cette branche importante de l'industrie agricole, et beaucoup moins d'engrais pour l'année suivante.

Si enfin le cultivateur renonce à produire à perte, qu'il ne cultive plus une si grande étendue de céréales, les conséquences deviennent immenses pour toute la population du pays, non-seulement, il occupera moins d'ouvriers, ce qui sera déjà un malheur pour de nombreuses familles qui resteront sans ouvrage, mais l'année suivante la production ayant été moindre, les prix s'élèveront dans une proportion fâcheuse et si la saison n'est pas parfaitement favorable, le déficit sera tel que les prix seront excessifs.

Lorsque le blé est à bon marché par suite de l'abondance, tant mieux pour le producteur comme pour le consommateur, autant toutefois que le prix si peu élevé qu'il soit paye les frais de production et laisse un bénéfice raisonnable au cultivateur.

Quand le blé est cher au contraire, c'est qu'il y a déficit dans la récolte, si le cultivateur n'en recueille que pour son ensemencement, les besoins de sa famille et de ses ouvriers, ou que son excédant soit peu considérable; dans le premier cas, il ne peut rien vendre et ne fait pas d'argent, dans le second, quel que soit le prix auquel il vendra ce médiocre excédant, il sera toujours en perte, car il faudra d'abord qu'il prélève ses besoins, et ce prélèvement lui coûtera d'autant plus cher, comme prix de revient, que la moisson aura été moins abondante.

La troisième erreur qu'il faut combattre est celle qui consiste à faire croire aux ouvriers de toutes les professions que pour qu'ils soient heureux il faut que le blé soit à vil prix; cette erreur est fatale, puisqu'elle se fonde sur cette pensée injuste qu'il est de nécessité que le cultivateur se ruine en travaillant pour faire vivre d'autres travailleurs, bien moins exposés que lui aux intempéries des saisons.

Mais cette erreur si funeste à la tranquillité publique, à la prospérité générale indique aux économistes, véritablement amis du peuple, beaucoup d'autres conséquences désastreuses dont l'ouvrier quel qu'il soit est frappé le premier.

Il est incontestable que lorsque l'agriculture souffre tout

souffre ; il suffit de savoir que près de 30 millions d'individus, c'est-à-dire les cinq sixièmes de la population, vivent directement de l'agriculture, qu'ils soient propriétaires, fermiers, journaliers, domestiques de ferme, ou qu'ils appartiennent aux arts nombreux, dont les produits sont employés par l'agriculture, tels que charrons, bourreliers, maréchaux, etc.

Or si le cultivateur est en perte, il fait suspendre ses travaux, paye mal ses impôts et le prix de sa ferme, que souvent même il ne paye pas du tout ; il retranche sur le nombre et le salaire de ses ouvriers ; si pour son exploitation il a emprunté de l'argent, il sert mal les intérêts et ne peut payer aux échéances, il restreint enfin ses dépenses au plus strict nécessaire pour sa famille et pour lui.

Que résulte-t-il de tout cela ? que les fermiers, les journaliers, les propriétaires sont dans la gêne la plus absolue ; que toutes les dépenses de luxe et celles qui ne sont pas de la plus urgente nécessité sont supprimées ; que les dettes ne se payent pas ; que les intérêts des hypothèques qui grèvent la propriété agricole, qui s'élèvent déjà à plus de 500 millions ne se payent pas davantage, et que la plupart des achats indispensables sont faits à crédit.

Dès-lors, l'argent ne circule plus, le commerce devient languissant, les fabriques, les magasins sont encombrés de marchandises qui ne se vendent pas, la suppression des travaux de toute nature s'en suit et le travail manque pour tout le monde.

Il ne suffit pas pour que l'ouvrier soit heureux que le blé soit à vil prix et que le cultivateur se ruine en l'apauvrissant ; car quel que soit le prix du pain, ce n'est pas avec le chômage qu'on paye chez le boulanger dans les villes, et sur le marché dans les campagnes ; l'ouvrier qui ne travaille plus est bientôt dans la misère, sans pouvoir malheureusement se rendre compte du véritable motif de la détresse générale qui le frappe si rigoureusement.

Ce qu'il faut pour l'ouvrier, pour le propriétaire, comme pour le fermier, le marchand, le fabricant, pour le pauvre comme pour le riche, c'est la prospérité générale, c'est l'abondance dans les récoltes ; or, la prospérité générale ne peut venir que par la prospérité de l'agriculture, et pour que l'agriculture prospère il faut qu'elle trouve un prix rémunérateur de tous ses produits.

Il en résulte alors la nourriture à bon marché, sans être à vil prix ; la circulation de l'argent, la reprise des grands travaux publics et privés, les dépenses d'utilité secondaire et de luxe, les renchérissements du prix de la main d'œuvre, du travail, des jouissances pour tous. Voilà ce qui peut seul faire le bonheur de l'ouvrier et de toutes les professions.

La hausse excessive comme l'avilissement du prix des céréales ont généralement pour cause, dans presque tous les cas ordinaires, l'imprévoyance de la population.

Le blé hausse-t-il d'une manière un peu sensible au-dessus du cours habituel, chacun veut avoir un approvisionnement assuré, croyant à l'accaparement, à l'exportation ; ne sachant pas que le commerce veille aux besoins du pays ; on court dans les fermes, sur les marchés, augmenter la hausse en faisant concurrence aux boulangers et aux acheteurs ordinaires, qui, à leur tour, ne trouvant plus d'approvisionnements suffisants pour satisfaire aux besoins de leur vente journalière, se mettent en campagne pour acheter les blés sur les greniers sans penser, sans réfléchir que tout ce qu'ils achètent ainsi ne se présentera plus sur les marchés pour faire concurrence aux autres vendeurs et que ces achats faits presque toujours au-dessus du cours des derniers marchés, contribueront puissamment à faire hausser le cours du marché suivant.

Lorsque le blé est à bas prix, tout contribue à le faire baisser encore ; les boulangers, les meûniers, les spéculateurs suspendent tout d'un coup leurs achats, pour avoir meilleur marché encore ; le blé tombe-t-il à 12 fr., on veut l'obtenir à 11 ; descend-il à ce prix, on ne veut plus le payer que 10, et ainsi de suite ; le cultivateur, qui a des engagements à remplir, des ouvriers à payer, lâche la main pour obtenir un peu d'argent et la baisse continue où se soutient.

C'est alors, comme maintenant, que l'exportation se fait sur une vaste échelle, les acheteurs étrangers, et particulièrement les anglais, trouvent, qu'il est bien plus commode d'acheter du blé en France, plutôt que d'aller en chercher, à grands frais, à *Odessa,* en *Ægypte* ou même en *Sicile*, ils font des achats très-considérables, sachant bien qu'ils nous revendront ces blés un peu plus tard, ce qui ne peut manquer d'arriver, car le bas prix empêche l'importation et favorise l'exportation ; or, comme dans les meilleures années la production suffit à peine à la consommation, il arrive toujours un moment où nous sommes forcés de racheter fort cher ce que nous avons vendu à vil prix.

Il est certain que le prix actuel des céréales, n'est pas seulement le résultat de deux bonnes années, car le prix d'une denrée quelconque est toujours basé sur le prix de revient du producteur qui doit, par la vente, retrouver le montant de ses avances de toute nature et un bénéfice qui fasse compensation aux chances nombreuses des pertes qu'il a encourues.

L'exportation des blés du pays qui se fait depuis qu'ils sont tombés à un si vil prix, est plus dans une proportion considérable. L'importation qui ne peut avoir lieu en raison du bas prix, le découragement d'un grand nombre de cultivateurs qui se ruinent et abandonnent leur ferme, doivent faire présager une hausse qui ne profitera pas à l'agriculteur qui n'a pas les moyens de garder ses produits, mais dont tous les consommateurs auront à souffrir. Avec un peu de prévoyance, si chacun, suivant ses moyens, faisait aujourd'hui son approvisionnement pendant que les blés sont à si bas prix (et certes ce serait plus raisonnable que quand ils sont chers) les pères de famille se mettraient à l'abri de cette hausse qui ne peut manquer d'arriver ; le cours se releverait sans doute un peu, l'exportation s'arrêterait bientôt et nous conserverions en France des blés qui toujours passent à l'étranger et que tôt ou tard nous serons obligés de racheter, en laissant aux mains des spéculateurs du dehors des bénéfices énormes que nous pourrions nous-mêmes réaliser, car le bas prix actuel, n'est pas le résultat de l'abondance ou des progrès agricoles, il ne provient que de la crise politique et commerciale dans laquelle nous nous trouvons encore, et de la gêne du producteur.

De ce qui précède, il faut conclure que tous les efforts des Sociétés d'agriculture doivent tendre à obtenir d'abondantes récoltes, en étudiant la meilleure manière d'y parvenir et en s'attachant surtout à n'approprier les nouvelles méthodes qu'aux divers sols auxquels elles sont applicables et suivant les expériences qui, jointes aux théories, ne pourraient amener que de bons résultats.

C'est surtout dans notre Lozère, éloignée de tous les exemples des progrès du jour, que nous devons travailler à persuader à nos cultivateurs qu'il y a des améliorations à obtenir avec des conseils et de la persévérance.

Déjà nous avons obtenu des progrès particulièrement sur les plantes fourragères ; nous avons encouragé l'amélioration de la race bovine.

Une commission s'occupe en ce moment des meilleurs moyens à prendre pour encourager le reboisement de nos montagnes, progrès si essentiel à obtenir pour nos terrains à grande pente.

Nous allons faire l'essai d'une nouvelle semence de froment appelé *Blé du Mesnil*, de la ferme-école du Mesnil-St-Firmin, département de l'Oise, encourgés par l'un de nos collègues, M. l'abbé Gaillardon, qui a présenté à la Société 2 tiges de ce blé, qu'il avait semé dans son domaine de Malevieille, et dont nous avons pu juger le produit véritablement remarquable, tant par la beauté du grain que par le rendement des épis.

Enfin nous avons encouragé, dans la limite très-restreinte de nos moyens, les vieux serviteurs ruraux par des médailles et des primes qui auront d'autant plus de prix pour eux, que la distribution doit en être faite en présence de la réunion distinguée qui nous entoure.

Mais tous nos efforts, Messieurs, pour parvenir à faire le bien que nous désirons seraient impuissants si la Société n'était encouragée par le concours éclairé de son président d'honneur, M. le Préfet, et par l'approbation bienveillante des honorables représentants de nos cantons, qui ont bien voulu venir encourager nos travaux par leur présence, ce dont la Société les remercie.

Après ce discours qui a fixé l'attention générale de l'assemblée, il a été donné lecture :

1.° Par M. Ignon, secrétaire perpétuel, d'un rapport sur les travaux de la Société depuis le 1.er janvier 1850 ;

2.° Par M. l'abbé Cômandré, d'un discours sur la langue française ;

3.° Par M. De Ligonnès, d'un rapport sur les prix de moralité ;

4.° Par M. l'abbé Baldit ; d'une poésie patoise.

Il est procédé ensuite à la distribution des prix de moralité.

Enfin M. Guyot, président du Conseil général, a adressé, au nom de ce Conseil, de bienveillants éloges à la Société, pour son zèle et ses travaux, a protesté de l'appui qu'il était disposé à lui continuer, et la séance a été levée.

COMPTE-RENDU

DES

TRAVAUX DE LA SOCIÉTÉ

EN SÉANCE PUBLIQUE

Du 1.er septembre 1850,

PAR M. J. J. M. IGNON, SECRÉTAIRE-PERPÉTUEL.

MESSIEURS,

Votre règlement m'impose le devoir de présenter tous les ans le compte-rendu des travaux de la Société et de sa situation.

Je viens remplir cette tâche : mais comment ne pas me défier de mes propres forces pour le faire d'une manière digne de vous, devant une réunion d'élite aussi imposante, embelie par la portion la plus aimable de la société ;

En présence des administrateurs supérieurs de la Lozère qui ont toujours secondé vos efforts pour l'utilité publique et qui récemment viennent de vous en donner une preuve éclatante.

Honoré constamment d'une indulgence toute bienveillante, j'éprouve aujourd'hui, plus que jamais, à cause de mon âge, le besoin de la réclamer.

Modifications au règlement. — D'après un rapport fait par M. Octave de Chapelain, au nom de la commission chargée de reviser votre règlement, rapport fort remarquable qui a eu votre assentiment unanime, vous avez adopté certaines modifications parmi lesquelles je citerai plus particulièrement celles qui concernent :

La composition de la Société, dans laquelle vous admettez un plus grand nombre de membres ordinaires et associés, pris dans le département, pour lui donner un véritable caractère d'association centrale, départementale ;

La cotisation, indispensable pour subvenir aux frais de ses publications et à ses menues dépenses de bureau ;

Le bulletin de vos travaux qui, publié à des époques plus rapprochées qu'auparavant, offrira un plus grand intérêt d'actualité.

Ces modifications inscrites dans votre règlement ont été immédiatement mises à exécution.

Les anciens sociétaires et MM. les membres du Conseil général que nous n'avions pas encore l'honneur de compter parmi nous ont été classés suivant leur option.

Vous avez admis plusieurs personnes notables qui vous avaient témoigné le désir de vous prêter leur concours ; et récemment, à l'occasion du séjour qu'il a fait dans nos murs, vous avez désiré inscrire parmi vos membres honoraires un des hommes les plus distingués de l'époque, grand orateur, admirable poète que des liens de parenté attachent à notre Lozère, et qui a bien voulu accueillir votre offre de la manière la plus gracieuse.

La cotisation a été acquittée avec la plus grande exactitude.

Six numéros du bulletin ont été publiés et envoyés régulièrement aux personnes qui ont droit à le recevoir. Le 7.e et le 8.e renfermés dans une seule livraison, comprenant juillet et août, sont sous presse et paraîtront incessamment.

C'est dans ce recueil que sont consignées les matières que vous avez traitées depuis le 1.er janvier 1850 ; vous les connaissez en partie, aussi je ne viens vous en présenter qu'une analyse succinte pour me conformer à votre règlement.

Agriculture.

La partie la plus importante, l'agriculture est sans contredit partout et plus particulièrement dans la Lozère, celle qui doit occuper le premier rang et qui a plus spécialement, je devrais dire uniquement, excité votre sollicitude.

Le sol a une assez grande étendue dans le département de la Lozère; on le divise en trois zones principales, en granitique, calcaire et schisteuse; mais il y a beaucoup de terrain improductif; celui qu'on emploie à la culture rapporte peu, parce que la routine et le peu de ressources pécuniaires mettent obstacle aux améliorations. Cependant il en est qui n'exigeraient qu'un peu plus de soin et de bonne volonté.

Les conseils n'ont pas manqué pour stimuler nos cultivateurs dans la voie du progrès.

Engrais. — C'est dans cette vue que M. Oct. de Chapelain, a rédigé un mémoire sur le traitement des engrais, cet agent indispensable pour fertiliser les terres, qu'il vous a soumis, et dont la publication vous a paru devoir produire de bons résultats.

Vous avez fait connaître la composition d'un engrais de M. Didieu, auquel il donne le nom de Gouano français.

Amendements. — Pour l'amendement des terres, vous vous êtes occupé de l'emploi du sel. M. Edm. de Lescure vous a fourni une excellente notice sur le sel employé en agriculture, pour favoriser la végétation.

Céréales. M. l'abbé Gaillardon a soumis à votre appréciation un échantillon de blé du Mesnil-St-Firmin, et M. Rous vous a communiqué une notice sur les avantages de sa culture, sous le rapport du rendement. Vous avez invité votre trésorier à faire venir de la semence de ce blé, qui sera distribuée, à prix de revient, à ceux qui désireront en faire l'essai.

Graines. — Vous avez continué votre distribution de graines de plantes fourragères, maraîchères et oléagineuses, dont votre trésorier s'est acquitté avec son zèle accoutumé; et pour diriger, dans leurs essais de culture, les personnes qui en ont reçues, vous avez publié, par la voie de votre bulletin, des notices sur le trèfle par M. Vasse, le colza, la navette, la cameline, le lin, le pavot ou œillette et le madia sativa, d'après le Bon jardinier.

Pommes de terre. — Pénétrés de l'importance des pommes de terre, vous avez décidé, après la lecture d'une notice sur cette plante précieuse, par M. Octave de Chapelain, qu'il serait acheté des graines pour être distribuées entre les membres qui s'engageraient à faire des expériences et à en rendre compte à la Société; j'ajouterai que vous avez fait insérer dans votre bulletin une instruction de M. Otmann, père, sur la culture des jeunes plantes de pommes de terre obtenues par le semis.

Bestiaux. — Après vous avoir entretenus du sol, des engrais, des amendements, des semis et de la culture de diverses plantes, je passe à ce qui concerne les bestiaux qui concourent à une bonne exploitation rurale.

Dans une lettre de M. le Préfet, en date du 13 février dernier, des questions avaient été posées au sujet des bestiaux.

1.° Existence en bétail dans le département;

2.° Nombre et provenance des bestiaux importés;

3.° Abattages;

4.° Prix des bestiaux et de la viande;

5.° Consommation de la viande;

6.° Droits sur les bestiaux étrangers;

La solution de ces questions que vous aviez envoyées à l'examen d'une commission, vous fut présentée par M. Paulin Laurens; les cinq premières étaient des questions de statistique, qu'on ne peut pas toujours résoudre avec une exactitude rigoureuse, ainsi que l'observa l'habile rapporteur, mais qui le furent aussi approximativement qu'il était possible.

La 6.e question : les droits sur les bestiaux étrangers intéressant plus particulièrement le département, vous approuvâtes unanimement la réponse proposée par votre rapporteur, ainsi formulée :

« Les bestiaux forment la principale production de la Lozère. Elle a le plus grand intérêt à voir protéger cette production par les droits d'importation sur les bestiaux étrangers, il convient par conséquent, ainsi que le demande depuis plusieurs années le conseil général du département, de ne pas modifier le tarif actuellement en vigueur à moins que ce ne soit pour l'élever. «

Pour encouragement à l'amélioration des races de bestiaux, M. le Ministre de l'agriculture et du commerce a affecté spécialement dans la subvention qu'il vous a accordée en 1850 une somme de 400 francs pour des taureaux et des béliers à condition de revendre.

Vous vous êtes occupés, dans plusieurs séances, des moyens de vous procurer les types reproducteurs des races les plus convenables au pays, et à cette occasion je dois rappeler les précieux renseignements qui vous furent fournis par M. Laporte-Belviala, en ce qui concerne les béliers, dont l'acquisition a été ajournée au printemps prochain.

Quant aux taureaux, vous futes d'avis de les faire venir de Salers. M. Baffie se chargea d'en faire le choix et l'achat sur les lieux et s'acquitta avec zèle et intelligence de cette mission.

Les deux beaux taureaux qu'il amena furent, après affiches publiques, mis en vente aux enchères et adjugés le 11 mai dernier à MM. l'abbé Gaillardon, propriétaire à Malevieille, commune de Chanac, et Ernest de Lescure, propriétaire à

Saint-Denis. Les lieux de station furent annoncés dans votre Bulletin, avec indication que la monte était gratuite.

Le comité de questure, chargé de cette vente, a constaté qu'il existait une grande prévention contre le poil rouge-sanguin de ces taureaux qui est spécial à leur race. Cette circonstance a éloigné des acquéreurs. . . Il est vivement à désirer de voir disparaître une prévention qui n'est fondée sur aucun motif sérieux et qui s'oppose à l'introduction d'une race qui, par sa taille, sa force et ses rares qualités la fait rechercher sur les principaux marchés de France, est incontestablement supérieure à celle de la Lozère.

Vous n'avez pas eu l'intention de vous borner à la seule espèce de Salers.

Vous vous êtes empressés de répondre à l'invitation qui vous était faite par M. le président de la Société centrale d'Agriculture de l'Aveyron, en envoyant des délégués pour représenter la Société à la distribution des primes pour les plus beaux sujets de la race bovine de l'Aubrac, qui a eu lieu à La Guiole le 30 mai dernier.

MM. Desmolles, de Framond et Charrier, qui avaient bien voulu accepter cette mission l'ont remplie d'une manière digne de vos éloges et de votre gratitude. Le rapport que M. Desmolles vous a fait, en leur nom, est un document utile auquel, d'après votre décision, il sera donné de la publicité.

Avant de terminer ce qui concerne les bœufs, je crois devoir rappeler que, dès vos premières séances de cette année, sur la proposition de M. Laurens aîné, vous jugeâtes à propos d'insérer dans votre Bulletin, une instruction sur la péripneumonie contagieuse du bœuf, vulgairement appelée *mal du poumon*, *de la courade*, *poulmonie*, rédigée par M. Tisserant, professeur à l'école vétérinaire de Lyon.

Persuadés que les utiles indications qu'elle contient peuvent être appliquées dans la Lozère où cette épizootie apparaît malheureusement de temps en temps, vous recommandâtes à vos collègues de communiquer cette instruction non-seulement aux personnes dont les bestiaux seraient malades, mais encore à celles dont les bâtiments ruraux ne seraient pas bien disposés ou entretenus dans un état suffisant de propreté.

Quant à ce dernier objet, M. Octave de Chapelain vous a lu un Mémoire d'un haut intérêt, qui a pour titre de la *Stabulation ou du régime des animaux*, dans lequel, ainsi qu'il l'annonce, il jette un coup d'œil sur l'état actuel des écuries (terme générique) et en démontre les vices; il dit ce qu'il y a à faire, et établit ensuite qu'il faut peu de dépense pour mettre ses préceptes en pratique.

Ces divers objets ont été traités avec un rare bonheur, et leur propagation, que vous avez voulu seconder par la voie de votre bulletin, si on les met à exécution ne peut offrir que des résultats avantageux.

C'est aussi dans des vues d'amélioration d'économie rurale que M. le général de Thilorier, notre honorable président, a fourni un extrait d'un rapport sur le système Guenon pour connaître les vaches laitières, par M. Thibault, élève de Grignon, membre titulaire de la Société industrielle d'Angers. Ce résumé, quoique très-succint, est néanmoins suffisant pour indiquer les marques au moyen desquelles on peut savoir à la seule inspection de l'animal, quelle quantité de lait une vache quelconque peut donner par jour, et quelle est la qualité du lait.

Comme dans les années précédentes, le Gouvernement et l'administration vous sont venus en aide pour ouvrir des concours et accorder des primes d'encouragement à l'agriculture, en ce qui concerne les races bovine, ovine et chevaline.

Le procès-verbal de cette distribution, indiquant les animaux primés et leurs propriétaires, a été inséré dans votre

Bulletin, où le jury a consigné également, parmi ses observations, qu'une grande production de fourrages est indispensable pour l'amélioration des bestiaux des races indigènes, et qu'on ne saurait trop recommander, dans les localités où les prairies naturelles et les pacages sont insuffisants, la culture des prairies artificielles pour leur donner une nourriture plus abondante.

Vous avez arrêté encore de distribuer des récompenses aux serviteurs ruraux, hommes ou femmes, qui ayant toujours mené une conduite irréprochable, se sont le plus distingués par de bons services, des soins intelligents, un dévouement rare, etc.

Une commission avait été chargée de recueillir les titres des aspirants à ces prix d'honneur, qu'il est si satisfaisant de pouvoir décerner comme un témoignage de l'excellente moralité qui distingue nos bons Lozerois. Vous avez entendu avec un vif intérêt, et approuvé les propositions qui vous ont été faites, en son nom, par son rapporteur, M. de Ligonnès, à qui il est réservé d'en donner connaissance dans cette réunion à laquelle ont été invités à assister les lauréats, pour recevoir ces récompenses avec plus de solennité et exciter une salutaire émulation.

Commerce et Industrie.

Je passe maintenant à ce qui a trait à l'industrie et au commerce.

En janvier dernier, M. l'abbé Baldit vous a présenté quelques observations sur le but des associations d'encouragement. Après avoir fort à propos cité les moyens indiqués dans un discours de M. de Gerando, à l'occasion de l'organisation de la Société pour l'industrie nationale, afin de seconder l'industrie dans son développement, il engage la Société à faire un appel à toutes les intelligences, à tous les dévouements pour ouvrir au département une voie de progrès et d'utiles améliorations qui l'élèvent à la hauteur de ceux qui l'avoisinent.

Cet appel vous l'aviez conçu dans votre organisation plus étendue ; il a été entendu, et vous n'avez qu'à vous féliciter des résultats que vous avez obtenus jusqu'à ce jour.

M. le Préfet vous transmit le 30 mars dernier, une circulaire de M. le Ministre de l'agriculture et du commerce qui soumettait diverses questions concernant la substitution du poids à la mesure dans la vente des grains, et demandait que la Société fut consultée pour fournir des renseignemens et donner son avis à ce sujet.

Une commission fut chargée de l'examen de ces questions. Son rapporteur, M. le docteur Chevalier, après plusieurs considérations exposées au nom de ses collègues et très-bien développées fut d'avis que de quelle manière qu'on envisage les résultats comparatifs du poids et de la mesure, il en résulte incontestablement que le pesage mérite la préférence sur le mesurage.

Qu'on ne voyait aucun inconvénient à l'établir de suite ; mais que le moyen d'y préparer les populations serait, tout en conservant le mode de mesurage pendant un certain temps encore, d'établir les droits de pesage à un tarif inférieur à celui du mesurage, et que la formalité de rappeler le poids légal dans chaque mercuriale contribuerait à l'établissement du poids.

Les conclusions de ce rapport furent adoptées.

Le prix moyen des grains, par hectolitre, d'après les mercuriales des marchés du département de la Lozère pendant le 1.er semestre 1850, a été inséré dans votre Bulletin, comme document qui pouvait avoir quelque utilité.

M. de Ligonnès, au nom d'une commission que vous aviez nommée, vous a présenté les réponses à faire, en ce qui concerne le département, aux questions posées dans le programme adressé à la Société par M. le Président de la commission nommée par l'Asemblée nationale pour procéder à l'enquête sur les boissons.

« Les produits de la vigne, dans la Lozère, dit M. le rapporteur, sont peu importants ; elle n'est cultivée que dans 38 communes situées dans les parties les moins élevées du département, et toutes éloignées du chef-lieu, siége de la Société d'agriculture, ce qui ne nous a pas permis de répondre d'une manière précise à toutes les questions posées et nous avons préféré en laisser une partie sans solution plutôt que de donner des renseignements inexacts. »

Quant aux questions résolues elles l'ont été d'une manière satisfaisante et vous avez donné votre approbation à ce travail dont une expédition a été transmise à M. le président de la commission de l'Assemblée nationale.

Par une lettre du 5 mars, M. le Préfet communiqua à la Société les statuts d'une institution de crédit sous le titre de *banque de prêts d'honneurs*, et demanda son avis sur la possibilité d'organiser cette institution dans la Lozère, ainsi que sur les chances de succès qu'elle y aurait.

M. O. Charpal, dans un rapport qu'il fit au nom de la commission à laquelle vous aviez renvoyé l'examen de ces statuts, après avoir fait connaître le but de l'institution, vous exposa d'une manière précise les difficultés que présentait, quant à présent, un pareil établissement dans le département et vous en proposa l'ajournement. » Voyons le fonctionner, dit le rapporteur, dans les départements plus riches, et peut-être les résultats qui seront obtenus modifieront-ils notre opinion ; « vous partageâtes ces conclusions.

L'industrie séricicole a été plusieurs fois l'objet de vos encouragements pour la culture du mûrier et l'éducation des vers-à-soie, dans les localités où on ne s'en était pas encore occupé.

Madame veuve Roux, de Chanac, vous fut signalée par M. le Maire de cette ville, comme ayant été la première à y introduire cette industrie et vous lui décernâtes une prime, en 1842, sur les fonds dont vous pouviez disposer alors.

Aucun crédit n'étant ouvert cette année pour cet objet, vous n'avez pu accueillir que par des éloges et de remerciments, les échantillons de cocons que M. Rimbaud, maire de Chanac, vous a envoyés, au nom de M. l'abbé Roux, au commencement de ce mois.

Bibliothèque. — Des dons considérables ont été faits à votre bibliothèque par M. le Ministre de l'agriculture et du commerce et par votre collègue M. l'abbé Pascal; ils sont mentionnés dans votre Bulletin.

Correspondance. — Vous êtes en relation d'échange de votre Bulletin avec les publications d'un très-grand nombre de Sociétés d'agriculture et académiques de France, et vous ajoutez le plus vif intérêt à ces communications d'une utilité incontestable.

Sciences et Arts.

M. l'abbé Baldit vous a lu deux pièces de poésie patoise, une fable et une épître contenant des conseils aux agriculteurs dans langue qu'ils parlent plus habituellement.

On a peu publié d'écrits dans l'idiome gévaudanois, cette lacune sera remplie, et la Lozère aura aussi son Pradinas.

En inscrivant la partie des *Sciences et Arts* dans le titre de votre Société, quoique vous ne vous en occupiez que bien secondairement, vous avez voulu manifester le prix que vous mettiez à leur culture et exciter l'émulation pour les études sérieuses, dans un pays où l'esprit natif n'a besoin que de développement pour produire des hommes supérieurs, peut-être même en plus grand nombre, proportion gardée, que partout ailleurs, où l'on est plus favorisé pour les moyens d'instruction.

Musée. — A l'appui de ce que j'avance, je pourrais citer ce que le pays a offert d'hommes illustres dans l'état ecclésiastique, la magistrature, la carrière militaire et dans l'ordre civil, dont les portraits, que vous n'avez pu recueillir encore qu'en partie, font le plus bel ornement de cette galerie, que le Conseil général, sur la proposition de M. le Préfet, vient d'enrichir de tableaux et de gravures qui ajouteront à l'intérêt que présentait déjà votre modeste musée.

M. le Préfet en prévenant votre président de ce don y a joint celui d'une boîte contenant les échantillons de deux séries de monnaies de bronze, projetées en 1847.

Vous avez reçu quelques médailles et des monnaies qui vous ont été données par M. Paulin de Malafosse et M. Laurens, aîné. — Il en sera publié une notice.

Vous êtes redevables à M. Guyot, ancien préfet de la Lozère, d'une pierre qui rappelle l'épiscopat de M. Baglion de la Salle, l'un des plus illustres évêques de Mende, et d'un masque en plâtre de l'un des principaux officiers d'Abd-el-Kader.

Vous avez voulu que ce don d'adieu fut déposé dans votre musée comme un honorable et sympathique souvenir, et mentionné dans votre procés-verbal.

Messieurs du Conseil général,

Vos encouragements déposent du concours que vous vous plaisez à prêter à la Société, et de votre honorable approbation de ses travaux.

En retour, qu'il lui soit permis de vous prier d'agréer l'expression de sa vive gratitude et l'assurance que son zèle ne fera jamais défaut, quand il s'agira, dans la mesure de ses attributions, d'être utile au département.

Mende, impr. de J. J. M. Ignon.

SOCIÉTÉ

D'AGRICULTURE, INDUSTRIE, SCIENCES ET ARTS

DU DÉPARTEMENT DE LA LOZÈRE.

BULLETIN DE NOVEMBRE ET DÉCEMBRE 1850.

Séance du 5 novembre 1850.

Présidence de M. De THILORIER.

Étaient présents : MM. Ignon, secrétaire perpétuel ; Rous; de Ligonnès; Chevalier, D. M.; l'abbé Baldit; l'abbé Comandré; Bécamel, maire; Paradan, juge; Laurens (Paulin); De Corsac (Urbain); et Desmolles, membres ordinaires.

Le procès-verbal de la dernière séance est lu et approuvé.

La Société admet au titre d'associé, pour lequel il a opté comme ancien membre de la Compagnie, M. Ignon, Conseiller en la cour d'appel de Nîmes.

Procédant ensuite, par voie de scrutin individuel, la Société a accordé le titre de vice-président honoraire, à M. Borrelli de Serres, ancien vice-président, résidant actuellement à Paris;

Et elle a admis au titre de

Membres associés,

MM. de Rozières (Eugène), du Malzieu, professeur à l'école des Chartes, à Paris ;

L'abbé Gebelin, curé desservant à Barjac ;

L'abbé Coste, vicaire à Florac ;

Montels (Réné), propriétaire à la Rouverette, commune d'Antrenas.

Le Secrétaire perpétuel donne communication de la Correspondance qui présente les objets suivants :

Lettre de M. le président de la Société d'Agriculture, du Commerce, des Sciences et des Arts de la ville de Boulogne-sur-mer, (Pas-de-Calais), en date du dix septembre 1850, qui annonce l'envoi de 26 échantillons des diverses variétés de blé que cette société a récoltées, cette année, de son champ d'expériences, auxquels il a ajouté un échantillon d'une variété peu connue de pomme de terre des Cordillières, dont la pulpe est d'un beau jaune et la qualité très-bonne.

Lettre de M. le directeur de la ferme-école de Mesnil-St-Firmin (Oise), en date du 16 septembre 1850, qui informe de l'envoi d'un hectolitre de froment du Mesnil, suivant la demande de la Société.

M. le Trésorier, auquel ces deux lettres avaient été communiquées, a annoncé la réception de ces envois et la distribution qui en a été faite, selon le vœu de la Société, à diverses personnes qui rendront compte du résultat de leurs essais de culture.

Lettre de M. le Ministre de l'Agriculture et du commerce, en date du 8 septembre 1850, contenant des mesures relatives à l'exposition des produits de l'industrie à Londres en 1851.

Arrêté du même Ministre, en date du 30 août 1850, relatif au concours d'animaux de boucherie à Nîmes, qui aura lieu, chaque année, les mardi et mercredi qui précèderont le jeudi gras.

Lettre de M. de la Bastide, l'un des membres désignés dans la séance du 7 mars dernier pour faire des expériences sur l'emploi du sel comme amendement des terres, qui rend compte de celle faite dans son domaine du Crouzet, terrain granitique. On publiera, par la voie du bulletin, l'ensemble de ces essais.

Il est ensuite donné communication de diverses publications parvenues à la Société depuis sa dernière séance, envoyées par l'académie des inscriptions et Belles lettres de l'Institut de France, les académies du Gard et de Reims, les sociétés académiques et d'agriculture nationale et centrale de Paris, d'Alger, des Landes, de Mulhouse, de l'athénée du Beauvaisis, du lycée des arts etc. de Paris, des sociétés centrale d'horticulture de la Seine, d'encouragement pour l'industrie nationale, du congrès agricole de la Haute-Saône, du comice de Clamecy, de l'école régionale de St-Angeau (Cantal) etc.

M. le Secrétaire perpétuel dépose sur le bureau le 16e volume des mémoires de la Société (1847 — 1848 — 1849) qui complète la première série de la collection, de 1827 à 1849 compris.

M. Rous, Trésorier, annonce que M. Bécamel, maire de Mende, a fait don à la Société, pour son musée, d'une collection assez considérable d'oiseaux empaillés par M. Violland, gendarme, et de quelques autres objets d'histoire naturelle, dont il sera dressé un catalogue, la Société vote des remercîments à M. le maire.

La Société a arrêté qu'il serait acheté une certaine quantité (20 à 25 quintaux métriques) de plâtre pour en faire l'essai comme amendement aux prairies artificielles; il en sera livré au dessous du prix de revient, aux cultivateurs qui voudront l'employer à cet effet et rendre compte de leurs expériences.

M. Desmolles, qui en fait usage avec succès, a, sur l'invitation de la Société, promis une note sur cet amendement et sur les résultats qu'il a obtenus.

Il a été décidé qu'à raison du grand nombre de membres habitant hors du chef-lieu du département, qu'attirent nos deux foires principales de Mende, il serait tenu, l'année prochaine, une séance extraordinaire le lendemain de la foire de Pâques, le 28 avril 1851.

Séance du 3 décembre 1850.

Présidence de M. De THILORIER.

Étaient présents : MM. Ignon, Secrétaire perpétuel ; Rous ; Barbot, D. M. ; De Chapelain (Octave) ; Vachin, juge de paix ; Bécamel, maire : De Lescure (Edmond) ; Reversat ; Laurens (Paulin) ; l'abbé Gaillardon ; De Corsac (Urbain) ; Chevalier, juge ; De la Bastide ; membres ordinaires ; De Chapelain (Joseph) et Ignon, Conseiller à la cour d'appel, membres associés.

Le procès-verbal de la dernière séance est lu et approuvé.

Le secrétaire perpétuel communique la correspondance qui présente les objets suivants :

Message du président de la République, présentant aux termes de l'article 52 de la Constitution, l'exposé de l'état général des affaires de la République française, adressé à l'Assemblée nationale législative, dans la séance du 12 novembre 1850.

Bulletin du ministre de l'agriculture et du commerce. — août 1850.

Documents sur le commerce extérieur (N.° 505 à 509) envoi du même ministère.

Annales de la Société d'Agriculture, Sciences, Arts et Commerce du Puy (Tom. XIX — 2.e semestre 1849) ;

Bulletin des travaux de la Société nationale d'Horticulture de la Seine (octobre 1850) ;

Guide pratique du cultivateur Aveyronnais sur l'hygiène et le traitement des maladies du bétail, suivi d'une instruction pratique, sur l'industrie fromagère de Roquefort, par Roche (Lubin), médecin vétérinaire, membre de plusieurs Sociétés savantes. — 1850 ;

Kang-tchi-tou. — Description de l'Agriculture et du tissage en Chine, par Isidore Hedde, délégué du ministère de l'Agriculture et du commerce en Chine, de 1843 à 1846. — Hommage de l'auteur, membre correspondant de la Société;

Document inédit du XII.e siècle, émané d'un évêque d'Angoulême, légat du St-Siége, et relatif au diocèse d'Alby, publié et expliqué, par Eugène Dauriac, de la bibliothèque nationale, membre de plusieurs Sociétés savantes. — 1850 — Hommage de l'auteur;

La Société ordonne le dépôt de ces divers ouvrages dans sa bibliothèque.

M. Octave de Chapelain, fait un rapport sur les résultats de son essai de semis de pommes de terre;

MM. de Thilorier, président, Vachin, et Reversat communiquent verbalement ceux qu'ils ont obtenus. — Renvoi au comité de rédaction, pour publier une notice, à ce sujet, dans le Bulletin;

Il est ensuite nommé une commission, composée de MM. Vachin, juge de paix, Urbain de Corsac et Chevalier, juge; chargée de rédiger un projet pour l'emploi du crédit de 600 fr. affecté au reboisement.

DISCOURS

SUR

LA LANGUE FRANÇAISE,

PRONONCÉ EN SÉANCE PUBLIQUE

Du 1er septembre 1850,

PAR M. L'ABBÉ COMANDRÉ, MEMBRE ORDINAIRE.

MESSIEURS,

L'homme est avide de connaissances utiles; et les langues lui servent de véhicule pour y parvenir. Préliminaire indispensable, elles préparent les succès de ceux qui veulent occuper un rang honorable dans la Société. Elles sont comme ces portiques majestueux qui entourent de superbes édifices, et qui deviennent, pour les maîtres de l'art, un vestibule agréable et nécessaire, où ils s'arrêtent avec complaisance, pleins de joie et d'admiration. Mais de toutes celles qui méritent nos sincères hommages, la première, la plus utile, c'est la langue maternelle. Obligé de la parler, de l'écrire tous les jours, l'homme doit en faire l'objet spécial de ses études. Et nous, Français, nous avons des motifs plus puissans pour chérir la nôtre, pour la cultiver. Modèle des langues modernes, elle fait les délices du monde. Ne serait-il pas honteux pour nous d'en ignorer les ressources, les charmes, les beautés? Comme la plupart des choses excellentes, elle s'est formée péniblement, elle s'est perfectionnée lentement. Son aurore a été sombre et obscure, environnée de brouillards et de tempêtes: son matin n'a laissé apercevoir que quelques rayons vivifians, au milieu des nuages amoncelés sur l'horison: son midi a paru tout en feu; son brillant éclat a ranimé la nature, les fleurs et les fruits ont embelli à la fois le sol qui les a vus naître: Et si des taches légères ont altéré, un peu plus tard, la splendeur de sa lumière, espérons que le soleil, vainqueur de ces faibles obstacles, viendra bientôt nous réjouir par un soir délicieux. Telle est la figure sensible que nous présentent l'origine, les progrès, les succès de la langue française.

La considérer dans ses commencemens, dans sa marche, dans ses résultats, dans ses merveilles ; tel est le but que je me propose. Le sujet est vaste, et ma faiblesse aurait droit de s'en alarmer ; mais je compte sur l'indulgence de cette honorable assemblée, de cette réunion de famille.

Le redoutable empire, fondé par les Césars, était devenu la proie des peuples barbares. Les faibles efforts de leurs derniers successeurs n'avaient opposé qu'une digue impuissante à ce torrent impétueux. Une nation guerrière s'était établie dans les Gaules sur les ruines de la puissance romaine. Mais sa vertu farouche ne connaissait que le droit des armes. L'étude des lettres n'avait point encore adouci les mœurs sauvages des nobles héritiers du sang et de la bravoure des Cimbres. Nourris dans les combats, ils préféraient les lauriers de Mars aux lauriers d'Apollon. Aussi, devenus maîtres des contrées fertiles qu'ils avaient enviées, pendant quatre siècles, aux vainqueurs du monde, ils ne connurent d'autre loi que celle de la force, d'autre gloire que celle des conquêtes. Malgré les efforts de quelques génies supérieurs qui luttaient envain contre la barbarie des temps, la divine éloquence, bannie des rives de la Seine, ne devait reparaître avec éclat que dans la suite des âges. Etouffées par des guerres cruelles, les lettres ne laissaient échapper aucun trait de lumière du triste chaos où elles étaient ensevelies. Les Pétrone, les Paulin, les Ausone avaient disparu. La Gaule, long-temps l'asile des Beaux-Arts, avait vu tomber la célébrité des études de Trèves, d'Autun, de Lyon, de Toulouse et de Marseille. Un nouveau langage, empreint des mœurs encore grossières de la nation qui venait de la subjuguer, sous la conduite d'un jeune héros, vint se mêler à l'élégante aménité, à la vive énergie de la langue des Virgile et des Cicéron, à la douce harmonie, à la riche fécondité de la langue des Homère et des Démosthène. Le Celte et l'Aquitain perdirent le seul avantage que leur eût procuré la conquête de leur pays par le grand César : l'amour des lettres parut anéanti par l'invasion des Francs. Peu-à-peu la langue des romains cessa de faire les délices des peuples qui habitaient les contrées qui s'étendent depuis la Belgique jusqu'aux Pyrénées, depuis le Rhin jusqu'à l'Océan. D'abord altérée, elle devint méconnaissable, surtout dans la Celtique, où le vainqueur porta le Tudesque accompagné de sa rudesse primitive, qu'il maria avec la vivacité de la langue Gauloise, aussi fière, aussi impétueuse que le peuple vaincu. Il en résulta un langage composé, sans règles certaines, sans combinaison, sans ensemble, à-peu-près comme les différents matériaux qu'un architecte destine à un édifice, sans les avoir entièrement préparés, sans leur avoir donné cette forme et ces rapports qui doivent, dans la suite, en faire un tout régulier. Tel fut l'état des Gaules, après la conquête de Clovis. Les lettres, et, avec elles, la civilisation, firent un pas rétrograde. Ses successeurs barbares, faibles ou inhabiles n'étaient pas propres à leur donner un nouvel essor, et les irruptions des Sarrasins, en renouvelant les commotions violentes, si funestes aux progrès des lumières, retardèrent encore le jour du triomphe de la langue nouvelle.

Cependant la fin du huitième siècle parut annoncer de plus heureux résultats. Un prince, grand par sa valeur, célèbre par sa sagesse, puissant par son génie, entreprit d'assurer une place distinguée, dans la carrière des lettres, à la nation généreuse qu'il gouvernait, et dont la gloire militaire avait déjà étonné le monde. Ses bienfaits attirèrent à sa cour les hommes les plus habiles de ses états et des nations voisines. Et tandisque la langue latine reprenait dans les écoles cette pureté que la barbarie lui avait fait perdre, la langue française se formait, commençait à s'assujettir à des règles, et préparait, quoique bien imparfaitement, les merveilles des âges suivans. Tant il est vrai qu'un grand homme a une influence toute puissante sur son siècle, et sait vaincre les difficultés qui seraient insurmontables pour des princes vulgaires ! Cette aurore paisible annonçait un beau jour; mais des nuages vinrent en obscurcir l'éclat naissant. Charlemagne n'était plus; et ses faibles successeurs furent accablés par le poids de sa gloire. Divisions intestines, irruptions des peuples barbares, ambition des grands, tout va retarder les progrès de la civilisation et des lettres. La langue des Francs végétera encore; son enfance traversera des siècles. A peine vera-t-on quelques maigres historiens qui, bien loin de hâter le développement des principes de la langue qu'ils doivent former, en défigureront, par un tour barbare, les traits épars qui pourraient leur servir de guide et de flambeau. Ce ne sera que dans les cloîtres qu'auront lieu les études solides; mais isolées et sans influence pour la perfection du langage, elles ne seront que des monuments précieux, qui tombant, à une autre époque, sous des mains habiles, feront jaillir de vives lumières. Ainsi le Tudesque, le Gaulois et le Latin réunis pour former une seule langue, ne présenteront qu'une liaison informe et grossière, et ne sauront pas se prêter mutuellement l'appui de leurs richesses sagement distribuées.

Enfin, trois siècles après Charlemagne, on vit paraître de nouveaux poètes qui devaient préparer les voies à une régénération sociale, et faire briller quelques faibles rayons au milieu de la nuit qui enveloppait de ses ombres notre horison littéraire. Partis des provinces méridionales, ils allèrent vers le nord, pour mêler les accens plus doux et plus harmonieux de la langue Romance ou provençale, au ton fier et encore barbare de la langue des Francs de la partie septentrionale de la monarchie. Accompagnés de leurs ménestrels, ils chantaient, au son du haut-bois, les vers qu'ils avaient composés en l'honneur des hauts faits de la chevalerie. Admis chez les grands, à la cour des rois, partout ils portaient, avec la joie et les plaisirs, les agrémens et la délicatesse de leur langage. Une heureuse émulation inspira le désir de les imiter. Alors le Tudesque perdit un peu de sa rudesse. Amélioré par des formes plus régulières, il maria la mâle sévérité de la langue d'Oïl avec la douceur et l'exactitude de la langue d'Oc. Ainsi, c'est à la langue du midi que celle du nord doit ses premiers progrès et le commencement de sa perfection ; et si, long-temps après, elle a pu effacer sa rivale, elle en est redevable, plutôt à la position des peuples autour du chef de l'État, qu'à sa supériorité sur l'idiôme provençal. Bientôt la poésie fut à la mode. Les princes en firent leurs délices, et ne craignirent pas de prendre le nom de Troubadour, tandisque des écrivains essayaient de donner à la langue nationale cette fixité, qui seule pouvait mettre un terme à son enfance déjà si longue. Au milieu d'efforts pénibles et de faibles succès, la langue prenait une certaine forme. Déjà Joinville, avec son aimable naïveté, racontait les actions d'un prince, terrible dans les combats, doux dans le gouvernement, grand dans l'infortune, puissant dans les fers, respectable par sa haute piété : et son écrit, transmis d'âge en âge, charme encore nos loisirs, et satisfait notre curiosité. Déjà Oresme, traduisait en langue vulgaire les ouvrages des plus illustres philosophes de l'antiquité. Déjà les Froissard et les Monstrelet s'efforçaient d'élever notre langage à la dignité de l'histoire et aux charmes de la poésie : et leurs écrits, preuves vivantes de la lenteur de nos progrès, laissaient entrevoir des étincelles qui annonçaient qu'une aurore brillante ne tarderait pas à paraître.

A cette époque, tout s'ébranlait autour de nous pour préparer des prodiges dans les lettres. Les ténèbres du moyen-âge commençaient à se dissiper. Tandisque la langue Italienne, honorée dans le midi de la France comme dans les lieux de son origine, préludait, sous le pinceau délicat de Pétrarque aux merveilles de l'âge suivant, tandisque Erasme, au milieu des querelles de religion, relevait l'éclat des études anciennes, et devenait, pour l'Europe étonnée, le père et le restaurateur du bon goût ; tout se préparait pour élever les temps modernes à la hauteur des siècles d'Alexandre et d'Auguste. Sous un pontife, ami des lettres et protecteur des savants, la lyre de Virgile, passée en d'autres mains, empruntait de nouvelles formes pour chanter la piété courageuse et la fureur guerrière. Sous un prince, célèbre par ses exploits, les rêveries du héros de la Manche, prouvaient le génie de l'auteur qui les inventa, et laissaient apercevoir une profonde sagesse, dans cette adroite satire qui fixa la langue espagnole. Chez un peuple voisin, d'étonnantes découvertes dans des plages lointaines, excitaient la verve féconde d'un poète, ami de la gloire de sa patrie, et donnaient à son récit, un peu trop historique, des traits brillants et nombreux, dignes de l'épopée.

Cependant les beaux jours de la France n'étaient pas encore venus. Quelques rayons perçaient les nuages; mais si l'astre captif, qui promettait une si vive lumière, n'avait point triomphé de tous les obstacles, l'éclat qu'il allait répandre devait éclipser tous les astres voisins. La langue française n'était pas semblable à ces fruits précoces, qui souvent, après des commencemens qui étonnent, ne parviennent point à une parfaite maturité; elle était comme ces fruits un peu tardifs, qui se développant peu-à-peu, charment les yeux et contentent le goût le plus délicat. Elle travaillait à un long enfantement; mais c'était celui de la beauté, de la richesse, de la majesté, de la sagesse, en un mot, de la perfection. Je vois l'histoire sous la plume véridique de Comines, prendre un ton dont notre langue n'avait point encore paru susceptible, et montrer jusqu'à quel point un génie heureux, dans des temps plus éclairés, pourra en tirer des traits sublimes. Je vois la poésie se frayant de nouvelles routes, et se présentant avec cette grâce, avec cette correction que les siècles précédents n'avaient pas connue. Bientôt un monarque puissant dont la noble franchise et le courage chevaleresque sont embellis par ces regards bienveillants qu'il ne refuse jamais au vrai mérite, veut devenir le père des lettres et l'ami des savants. Aussitôt une foule de concurrents paraissent sur la scène. A côté de l'érudition pédantesque, étalée péniblement par Ronsard, je vois briller l'heureuse finesse, l'élégante simplicité du style marotique, qu'on a souvent imité, mais qui n'a jamais eu plus de grâce que dans l'aimable auteur qui lui donna son nom. Tandisque la satire se présente sous des traits, qui ne seraient pas indignes du siècle suivant, si le cynisme des auteurs ne venait en effacer la beauté, je vois l'histoire, empruntant un langage plus pur, nous offrir dans les fruits des veilles judicieuses du président de Thou, des morceaux dignes du pinceau de Tacite et de Salluste. A la suite de ces auteurs dont la mémoire ne sera pas oubliée, je vois des poètes qui paient le tribut de leurs efforts à la France, que d'autres écrivains élèveront bientôt au plus haut point de la gloire littéraire ; je vois des orateurs entraînés, il est vrai, par le goût du temps, mais laissant jaillir des étincelles qui produiront plus tard une vive lumière. Je vous salue, génies immortels, qui avez, à une époque où une faible lueur guidait vos pas, marché avec honneur dans la carrière des lettres, et transmis à vos successeurs un héritage, déja défriché, qu'une nouvelle culture allait rendre si riche et si fécond. A vous est due en partie la gloire du siècle qui va éclore.

Déjà je le vois paraître : il n'est qu'à son aurore, et déjà sa douce sérénité me remplit de joie et d'admiration. Né avec une oreille délicate, avec un goût exquis, Malherbe sait s'affranchir des entraves que l'ignorance de ses contemporains mettait au progrès du langage. Il établit des règles, choisit ses mots avec justesse, les combine avec art, et la langue, cédant à ses efforts, devient plus correcte et plus harmonieuse. Dès ce moment, une foule d'esprits supérieurs se montrent sur la scène du monde, étonnent par le nombre et la variété de leurs productions, ou charment par la finesse de leur pensée et par l'heureuse tournure de leur style. Un ministre puissant sait en apprécier les avantages. Jaloux de procurer à la France tous les genres d'illustration, après avoir préparé ces succès éclatants, qui, sous un autre règne, rendront notre patrie l'arbitre des destinées de l'Europe, il veut lui assurer la palme des lettres. L'académie lui doit sa naissance; et la langue apprend à s'épurer dans ce sanctuaire consacré à l'honneur des Muses. Enfin elle se dégage de ses liens : sa marche est fixée. Un génie supérieur a posé les bornes de ses variations dans un ouvrage, qui peut bien nous montrer les traces de l'esprit de parti, mais qui sera toujours un des plus beaux monuments de littérature française. A la vue de la carrière qui leur est ouverte, de nombreux concurrents s'élancent, et la parcourent à pas de géant. Les obstacles, les difficultés sont pour leurs cœurs généreux un nouvel aiguillon. L'histoire, la poésie, l'éloquence, paraissent avec majesté, avec sublimité, avec autorité. Tout s'anime sous la plume des écrivains. Ils fécondent par de nouvelles découvertes le vaste champ qui renferme de si riches trésors. La nation apprend à connaître son origine, ses usages, ses mœurs, ses ressources. Étonnée des richesses sans nombre qu'elle possède, elle admire sa fécondité; elle contemple avec complaisance ces écrits où se reproduisent, sous toutes les formes, la précision de Thucydide unie aux grâces de Xénophon, la profondeur de Tacite avec l'abondance de Tite-Live. Sublimité des pensées, sublimité des sentiments, beauté des plans, magnificence de l'expression, énergie, pureté, délicatesse; tout vient retracer les beaux temps de la Grèce et de Rome : et la langue des Corneille et des Racine n'a plus rien à envier à celle des Sophocle et des Euripide. Un nouvel Horace montre à l'écrivain les sources ou il doit puiser, les règles qu'il doit se prescrire. Exemple et précepte tout-à-la-fois, il est encore le législateur du Parnasse. Bientôt le barreau ne paraît plus hérissé de ces citations inutiles, de ce vain étalage d'érudition, de ces riens pompeux, où l'orateur, plus occupé de lui-même que de ses clients, oublie ses devoirs, et ne sert point sa cause. On connaît la valeur et la portée des mots, et, par le choix de l'expression, on s'habitue à cette justesse, à cette solidité qui donnent au raisonnement toute sa force, toute sa puissance. L'éloquence de la chaire, munie de ces armes invincibles que le Ciel lui transmit, va puiser aux sources de la sagesse des eaux vivifiantes qui répandent partout la joie et le bonheur. Au lieu d'une symétrie enfantine qui rendait ridicules ses productions, au lieu de ce verbiage faux et grossier qui avilissait la dignité de ses orateurs, elle se montre avec cette aménité, avec cette énergie, avec cette grandeur, qui charme, qui élève l'âme, qui la ravit, qui la transporte, qui lui arrache la victoire. Des voix dignes des temps antiques se disputent la palme des Chrysostôme et des Augustin. L'un, par sa dialectique pressante, fait passer la conviction dans les esprits les plus rebelles. L'autre, par les ressorts puissants qu'il tire d'un cœur sensible, entraîne les volontés, et les assujettit à la douceur de son empire. Celui-ci, par l'adresse de sa composition, par un style magique que son oreille délicate sait habilement combiner, ravit notre admiration pour le héros qu'il pleure, et pour l'orateur qui le loue. Celui-là, par la puissance de son génie, force la langue à se plier à ses idées; il l'élève jusqu'à la hauteur de ses conceptions; il fait parler les événements qui se sont passés sur la scène du monde. Il donne des leçons aux rois : tantôt il s'assied sur un tombeau, où il leur montre toute leur nudité, tantôt il interroge la divinité, il leur montre sa beauté, sa grandeur, sa puissance. A côté de ces auteurs immortels, qui sont les colonnes du brillant édifice, commencé par le génie de Richelieu, dirigé par la sagesse de Colbert, soutenu par la main puissante du grand Roi, je vois des écrivains de tous les genres, qui reproduisent, sous toutes les formes, les richesses de la langue française, que leurs doctes ouvrages rendent la rivale de celles d'Athènes et de Rome. Devoirs des rois, devoirs des peuples, mœurs des villes, mœurs champêtres, règles de l'art, conceptions savantes, leçons allégoriques, ridicules de la Société, tout est retracé avec cette décence, avec cette simplicité, avec cette justesse, avec cette vérité, avec cette vigueur qui élèvent la France à un degré de grandeur qu'on ne saurait atteindre, et qui lui assurent, dans les lettres, cette supériorité qu'elle a déjà acquise par la force de ses armes, au milieu des combats. Recevez mes hommages, auteurs sublimes et judicieux. Que ne puis-je profiter de vos savantes leçons! Que ne puis-je me former à votre école, et vous faire quelques uns de ces heureux larcins, que vos immortels écrits présentent à ma faiblesse! Oui, Messieurs, ils méritent toute notre estime, toute notre admiration, ces hommes extraordinaires. Si la langue des Français est devenue celle des cours; si, dans tous les royaumes de l'Europe, elle va de pair avec la langue nationale, c'est aux veilles de ces grands génies, c'est à leurs productions, que les temps ne sauraient affaiblir, que nous devons cet honneur insigne, ce glorieux avantage.

La gloire littéraire de la France ne fut point bornée au siècle de ces illustres écrivains. Ils avaient frayé la route, ils avaient atteint la perfection du langage; mais ils trouvèrent de sages imitateurs. L'époque des merveilles se prolongea dans l'âge suivant, et se soutint avec éclat; et la langue des Pascal et des Bossuet, des Racine et des d'Aguesseau s'enrichit des brillantes compositions des Buffon et des Neuville, des Voltaire et des Cochin. Sous leur plume sévère et pathétique, élégante et facile, notre réputation se soutint avec avantage. Le génie de Milton, dans le siècle précédent, et, plus tard, les heureux efforts de Klopstock, pouvaient bien, dans un certain genre, balancer nos modèles et perfectionner la langue, chez deux peuples voisins; mais la France conserva sa supériorité : sa langue fit les délices des États où la civilisation luttait encore contre la babarie, et de ceux où elle était plus avancée. Les princes vinrent la puiser à sa source. Une émulation extraordinaire régnait dans toutes les classes de la société. Les lumières plus répandues excitaient une noble ardeur. Mais des esprits superficiels venant jeter au milieu d'un peuple, avide d'instruction, des ouvrages où le brillant des mots couvrait la nudité des choses, il était facile de prévoir que le goût serait altéré, et que cette langue si riche, si belle, si sage, dégénérerait en antithèses puériles, ou en néologisme ridicule. Cependant les auteurs estimables, qui avaient conservé les traditions du siècle précédent, opposaient des digues à ce torrent. La chaire ne perdit point sa dignité, le barreau eut de l'éloquence, l'histoire parut avec majesté, souvent même le théâtre sut parler avec grandeur et décence. Mais chaque jour voyait décroître les beautés solides avec la pureté de la morale. Les idées religieuses, si puissantes pour produire les pensées sublimes et les nobles sentiments, n'avaient plus cette salutaire influence, cet aimable empire qu'elles ont droit d'exercer sur les cœurs; et des écrits empoisonnés portèrent un venin subtil dans l'humble chaumière comme dans le palais des grands. Alors on enveloppa ses pensées dans des nuages : il fallut torturer la raison pour donner une couleur mensongère aux paradoxes qu'on voulait insinuer. Dès-lors la langue dut perdre une partie de sa clarté et de sa sagesse; dès lors on dut appeler heureuse hardiesse, ce qui n'était qu'un abus du langage; le faux-brillant vint remplacer les ornements réels; on regarda comme effort de génie, ce qui s'écartait des routes tracées par nos grands modèles : et les idées de liberté, si puissantes lorsqu'elles ne sortent pas des bornes de la modération, passant dans des têtes exaltées, au lieu d'une mâle énergie, produisirent presque toujours l'enflure et l'exagération : et tous les efforts d'une critique judicieuse opposèrent de faibles obstacles à l'impétuosité de ce torrent. Espérons, Messieurs, que les agitations politiques qui ont ballotté la France pendant soixante ans auront enfin un terme, et que cet amour de l'étude, qui tourmente toutes les classes de la société, pourra trouver dans une tranquillité si nécessaire, les moyens de développer avec un sage discernement, les germes de ces talents supérieurs qu'on remarque si souvent dans la nation célèbre à laquelle nous avons l'honneur d'appartenir. L'homme éminent dont le nom rappelle de si glorieux souvenirs, appelé par le choix providentiel de ses concitoyens à diriger, à travers les écueils, le vaisseau de la République, veut l'ordre, la concorde et la paix, elle les veut aussi l'auguste assemblée de la nation où notre département est si dignement représenté, cette assemblée qui, par son énergie intelligente, comprime les passions mauvaises, et qui nous prépare des jours heureux, par de judicieuses réformes et de solides institutions. Mais il n'y a que la religion qui puisse en être la base inébranlable. Aussi l'a-t-on consultée pour la loi sur l'enseignement qui va nous régir. Espérons que loyalement exécutée, cette loi sera un large bienfait pour l'éducation, et que les bonnes, les fortes études reprenant une nouvelle vigueur, ramèneront ou affermiront parmi nous les mœurs et la sagesse et rendront à notre langue tout son lustre et toute sa beauté.

RAPPORT

SUR

LES PRIX D'ENCOURAGEMENT

AUX SERVITEURS RURAUX

FAIT EN SÉANCE PUBLIQUE

Du 1er septembre 1850,

PAR M. DE LIGONNÈS, VICE-PRÉSIDENT.

MESSIEURS,

Dans la séance du 13 août, la Société d'Agriculture, a arrêté sur le rapport de M. Laurens, aîné, qu'il serait distribué neuf médailles de bronze, accompagnées d'un prix de 15 à 25 fr., aux serviteurs ruraux, hommes ou femmes, qui, ayant toujours eu une conduite irréprochable, se sont le plus distingués par de bons services, un dévouement rare, des soins intelligents etc. Il fallait encore avoir servi au moins dix ans, chez le même maître.

Le Société a pensé qu'un domestique attaché depuis longues années à la même maison est nécessairement un honnête homme, il est devenu comme un membre de la famille, et cette sorte d'adoption fait autant l'éloge du maître que du serviteur.

L'appel qui a été fait, au nom de la Société, par son Président a été entendu. De nombreux domestiques de ferme, réunissant, et bien au de-là, les conditions exigées lui laisseront le regret de ne pouvoir donner à tous un faible témoignage de satisfaction. Ceux qui ne participeront pas aux encouragements qu'elle accorde aujourd'hui pourront concourir l'année prochaine, et les années suivantes.

Les maires de diverses communes ont signalé à M. le Président 54 serviteurs : 23 hommes et 31 femmes, tous recommandables à divers titres, parmi lesquels la Société a fait les désignations suivantes :

1° Il est accordé une médaille et un prix de 25 fr. à Jean Clément, âgé de 80 ans, maître valet chez M. Victor Paris, au domaine de la Vernède, commune de Bédouès, canton de Florac. Clément est depuis 60 ans attaché à la famille Paris, à laquelle il a toujours été dévoué. Madame Paris étant devenue veuve, Clément se mit à la tête des affaires qu'il administra avec fidélité et intelligence, jusqu'à ce que le fils de la maison pût les diriger lui-même.

2° Une médaille et un prix de 25 fr. à Jean Lafond, âgé de 70 ans, maître valet depuis 42 ans chez M. de Soulages. Chargé des achats et ventes et de tout ce qui concerne la ferme de Soulages, commune d'Auroux, canton de Langogne, Lafond s'est toujours distingué par son zèle, son dévouement et sa probité.

3° Une médaille et un prix de 25 fr. à Etienne Tournaire, âgé de 66 ans. Depuis 33 ans chez M. Tardieu, à Orfeuil, commune d'Albaret-Ste-Marie, canton de St-Chély, il dirige seul, avec un zèle et une probité à toute épreuve, l'exploitation de ce domaine que le maître n'habite pas.

4° Une médaille et un prix de 25 fr. à Jean-Baptiste Velot, valet de ferme pendant 33 années consécutives chez les sieurs Boudet et Dussel, propriétaires à Reilhes, commune de Montgésieu, canton de St-Germain-du-Teil. Velot est sans ressources ; il a donné tous ses gages pour nourrir sa vieille et pauvre mère.

5° Une médaille et un prix de 20 fr. à Louis Pantel, âgé de 55 ans, bouvier depuis 33 ans chez M. Bazalgette, à Malaval, commune des Bondons, canton de Florac. Il s'est signalé dans un incendie qui a consumé une grange du domaine, attenant à la maison d'habitation, en sauvant, au péril de sa vie, les bestiaux renfermés dans l'étable, et en préservant, par son courage et son intelligence, la maison du maître, séparée seulement par un mur de la grange incendiée.

6° Une médaille et un prix de 20 fr. à Marie-Jeanne Vaissière, âgée de 72 ans, servante rurale depuis 45 ans, à St-Pierre-de-Nogaret, canton de St-Germain-du-Teil, chez M. Amédée Reversat. Elle s'est toujours fait remarquer par sa probité, son attachement à la personne et aux intérêts de ses maîtres, et par une conduite irréprochable.

7° Une médaille et un prix de 20 fr. à Marie Juliers, âgée de 78 ans, servante depuis 37 ans chez M. Monestier, à St-Rome, canton de Massegros. Elle a soigné ses maîtres avec affection pendant de longues maladies, et s'est distinguée par une probité sévère, un dévouement sans bornes, et une conduite exemplaire.

8° Une médaille et un prix de 20 fr. à Marie Jourdan, âgée de 48 ans, ménagère à Estables, canton de St-Amans. Pendant 27 ans chez M. Jean Tardieu, elle a dirigé le ménage de la ferme avec intelligence et fidélité depuis le veuvage de son maître, en 1834, et a eu pour ses cinq enfans tous les soins d'une mère.

9° Une médaille et un prix de 20 fr. à Marguerite Amarger, servante pendant 37 ans chez M. Laporte, propriétaire-agriculteur à Vincenet, commune de la Chaze, canton d'Aumont. Conduite irréprochable, bons services, aptitude, soins, vigilance, dévouement.

Les faibles encouragements que, dans les limites de notre budget, nous avons alloués aux serviteurs ruraux que nous venons de nommer, n'ont pas permis de les appeler devant vous; cependant quelques-uns se trouvant présents à cette séance, ils leurs seront décernés par votre Président, et nous espérons que Messieurs les membres du Conseil-général voudront bien les remettre aux personnes désignées absentes, lorsqu'elles seront domiciliées dans les cantons qu'ils représentent.

LOU MÈS DE MAÏ,

A MON MEILLOU AMIC, MOUSSU LAURENS,

AGENT-VOYER EN CHEF,

PAR M. L'ABBÉ BALDIT, MEMBRE ORDINAIRE.

Bous mondé uno péço patouèso,
Sé ma muso èro un paou courtouèso,
L'acoumpognorió poulimén,
D'uno épitro ou d'un complimén.
Hé! qua bous égalo én mérité?
Sio dich, sons qué l'on bous irrité.
Quon cur pus riché én amistat,
En sachés coussèls, én bountat?
Parlé pas de bostro sciénço,
Quond sério nousat tont é maï,
Ré bous éntrabo pas jamaï;
Ou sabé per expériénço.
Bref si quicon dé pus poulit
Dé ma cérbèlo éro éspélit,
Bous l'ouffririó dé bouóno grâço.
N'aï pas pougut miel réussi.
Excusat-mé : qué trop émbrasso,
S'én tiro, amic, couci-couci.

Déjà bésé palli l'éstouèlo matinieiro,
Lou gron géan des ers, à la bloundo crinieiro,
Atalo sous coursiés é met soun charré én joc,
Lous luns d'or dé la nuech trasoun pas plus dé fioc.
Dins las plonos del ciel, l'uël beï pas gès de nibous.
L'on n'aous pas un *fric* frac à la cimo dés pibous,
Eolo ès prisonnio dins sous antrés fumachs,
Des parfums del printéms lous ers soun émbaoumachs,
Dél coustat dél lébon és éspélido l'aoubo,
La naturo a bestit sa pus poulido raoubo,
Lous serrés é lous truchs soun tapissachs dé flous;
Pertout brilloun as uëls las pus richos coulous.

LE MOIS DE MAI.

TRADUCTION.

Je vous envoie des vers patois ;
Si ma muse était un peu courtoise,
Elle les accompagnerait poliment
D'une épitre ou d'un compliment.
Hé ! qui vous égale en mérite ?
Soit dit, sans vous blesser,
Quel cœur plus riche en amitié,
En sages conseils, en bonté ?
Je ne parle pas de votre science ;
Quand il y aurait des difficultés inextricables,
Rien ne vous entrave jamais ;
Je le sais par expérience.
Bref, si de plus beaux vers
Etaient sortis de ma tête,
Je vous les offrirais de bonne grâce.
Je n'ai pas pu mieux réussir.
Excusez-moi : qui trop embrasse,
S'en tire, ami, moins bien que mal.

Déjà je vois pâlir l'étoile matinière ;
Le grand géant des airs, à la blonde chevelure,
Attelle ses coursiers et fait voler son char.
Les lampes d'or de la nuit ne brillent plus.
Dans les plaines du ciel l'œil ne voit point de nuages.
L'on n'entend pas de frémissement à la cime des peupliers.
Eole est prisonnier dans ses antres brumeux.
Des parfums du printemps les airs sont embaumés.
Du côté du levant l'aurore commence à poindre,
La nature s'est revêtue de sa plus belle robe,
Les côteaux et les monts sont émaillés de fleurs ;
Partout brillent aux yeux les couleurs les plus vives.

Dés chantrés dél mati la troupo sé rébeillo ,
Leur musico rabis é lou cur é l'aoureillo ;
Aousé lou roussignol joucat soubré l'aousié ,
L'harmounio à glouchs d'or toumbo dé soun gousié ,
Puro coumo l'éncéns qu'exalo lou parterro ,
E richo coumo én maï l'éscharpo dé la terro ;
L'agaouso én grisoulén mounto drech dins lous ers ,
E porto soun haoumaché al Dious dé l'unibers.

La chastro és sons aoubriers : l'abeillo diligénto ,
De la noubélo flou qué la rousado argénto ,
Poumpo lou riché suc per groussi soun trésor ,
Doun la jaouno coulou passo aquélo dé l'or.

La naturo o duber sous ateliés champestrés ;
Tout s'ès més al trabal , lous aoubriès é lous mestrés.
L'aïglo prén la boulado , à la cimo del ron ,
S'énaïro , monto , arribo à las régïous del tron ,
Plono , faï lou crubel dins lous choms dé l'éspaço,
Baï , rébé , faï la croux , rodo , passo è répasso ,
Dins lou founs del baloun , plounjo soun uel dé son ,
E cerco uno pasturo à sa brutalo fon.

A l'éntour del céliéiré un négré isson bourdouno ;
Ma bicissudo à coufi lou suc qué la flou douno ,
L'houstésso del bespiô , lou cur gros dé béré ,
Traouchillo lou fuillaché à li pas leissa ré.

Lou rateirol biou l'er , finto la chardounillo
Qu'ésfato lou dubet é curo la granillo ,
Del biel chardou passit per la rigou del téms ;
Lou brutal plounjo : adious , lou chantré del printéms.

Sons préné halé jamaï , la fermigé carréjo
E l'insecto é lou gro dé millet é dé séjo ,
Estrémo lou puçou dins soun escur gronio ,
E doto soun caba d'un noubel prisounio ;
Al founs dé soun cachot , sons porto ni fénestro ,
L'esclabo dé son lach païs sa gouludo mestro.

L'horro arágnado ourdis dins lou bouissou flourit ,
E la moucho déjà dins sa touélo o périt ;
L'arci del son sons cesso é l'énflamo é l'animo ;
Sous l'alo , dins lou cur dé sa tristo bictimo ,

Des chantres du matin la troupe se réveille,
Leurs accords ravissent et le cœur et l'oreille;
J'entends le rossignol perché sur l'osier,
L'harmonie à flots d'or tombe de son gosier,
Pure comme l'encens qu'exhale le parterre,
Et riche comme au mois de mai l'écharpe de la terre.
L'allouette en grisolant s'élève dans les airs,
Et porte ses hommages au Dieu de l'univers.

La ruche est sans ouvriers : l'abeille diligente,
De la fleur nouvelle argentée par la rosée,
Pompe le suc abondant pour grossir son trésor,
Dont la jaune couleur surpasse celle de l'or.

La nature a ouvert ses ateliers champêtres,
Tout s'est mis à l'œuvre : les ouvriers et les maîtres;
L'aigle prend son vol du haut du rocher,
Il s'élève, monte; arrive aux régions du tonnerre,
Plane, tourne dans les champs de l'espace,
Va, revient, croise, rôde, passe et repasse,
Dans le fond du vallon plonge son regard enflammé,
Et cherche une pâture à son brutal appétit.

Autour du cerisier un noir essaim bourdonne,
Inhabile à préparer le suc que donne la fleur,
L'hôtesse du guêpier, le cœur gros de venin,
Picote les feuilles sans rien épargner.

L'épervier se balance, il guette le chardonneret,
Qui détache le duvet et cueille la graine
Du vieux chardon qu'a desséché la rigueur du temps :
Le brutal fond sur lui, adieu, le chantre du printemps.

Sans jamais prendre haleine la fourmi charrie
Et l'insecte et le grain de millet et de seigle,
Elle enferme le puceron dans ses souterraines demeures
Et grossit ses troupeaux d'un nouveau prisonnier;
Au fond de son cachot, privé de porte et de fenêtre,
L'esclave de son lait nourrit son avide maîtresse.

La hideuse araignée ourdit ses fils dans le buisson fleuri,
Et la mouche déjà dans sa toile a péri,
La soif du sang sans cesse et l'enflamme et l'anime,
Sous l'aile, dans le cœur de sa triste victime,

Lá cruélo fialaïro o jetat soun béré,
Coumo dins lou baloun la nuech traï lou séré.

Lou fourmicaléo, soun coumpaïré én treitigé;
A l'abro del clapas où trèbo la fermigé,
Sons counouïssé la loué dé la chuto des corps;
La sabénto phisico é toutés sous ressorts,
Soubré un plan énclinat bé d'arroundi sa trapo;
Déjà l'insecto y toumbo é lou goulut l'atrapo.

Del séré dé le nuech fiers dé s'éstré saoubachs;
Lous réssaïrés dins l'er éntrincoun leurs ébachs;
Garo, s'aspirat fort quond lou mouchou dabalo,
Soubén ambé l'halé lou gousié l'éndabalo.

Ici, noubel spectaclé : al dounjoun del chastel;
L'hiroundélo bastis sons tiplo é sons martel,
E l'aoussélou timidé, al founs dé la charmillo;
Per couija molomén sa futuro familllo,
Tour-à-tour entrélaço, é mésclo brin à brin
La mousso la pus fino, é la lono, é lou crin.

Lou parpaillou boulaché, à las alos poulidos,
Nado soubré las flous ambé l'aoubo éspélidos.

Lou passérat groumon, galabar, l'uel al guet,
Beï lou tabot qué rôdo à l'entour del muguet,
Foun soubré él, lou sésis é né faï sa pasturo.
Tout s'animo, tout sec l'éstin dé la naturo.

Lou reinal, à l'affut sous lou prat del mouli;
O croucat lou canar qué bénio dé sali.
Lou larroun, al despéns dé la paouro mouniéiro;
Baï faïré uno ripaillo al founs dé sa taniéiro.
Bésé un antré brigand à la cimo del puech,
Lou loup, à la fabou del mantel dé la nuech,
O fach uno bouguéso al pastré del bilaché.
S'és toujous del coustat dél nibou é dé l'aouraché,
Paouré poplé lanut, tout bouo dé bostro pel,
Beirès pas plus Roubi, lou perrot del troupel;
Lou loup l'o carréjat dins l'éspessou dés bossés;
Aqui, soul, lou déboro é rousigo sous ossés.

De la cruelle fileuse s'est glissé le venin ,
Comme dans le vallon , pendant la nuit , se répand la gelée:

Le fourmilion , son égal en astuce ,
Au bout du clapier qu'habite la fourmi ,
Sans connaître la loi de la chute des corps ,
La savante physique et tous ses secrets ,
Sur un plan incliné vient d'arrondir sa trappe ;
Déjà l'insecte y tombe et le glouton le saisit.

Au vent frais de la nuit, fiers d'avoir échappé ,
Les moucherons dans l'air commencent leur voltige.
Gare , si vous aspirez fort quand l'insecte ailé descend ;
Souvent, avec l'air qu'il reçoit ; le gosier l'avale.

Ici , nouveau spectacle : au donjon du château ,
L'hirondelle bâtit sans truelle et sans marteau ,
Et le timide oiseau , au fond de la charmille ,
Pour coucher mollement sa future famille ,
Tour-à-tour mêle et tresse brin à brin
La mousse la plus fine et la laine et le crin.

Le papillon volage, aux brillantes ailes ;
Nage sur les fleurs avec l'aurore écloses.

Le passereau gourmand , avide , l'œil aux aguets ;
Voit le bourdon qui voltige autour du muguet ;
Il fond sur lui , le saisit et en fait sa pâture.
Tout s'anime ; tout suit l'instinct de la nature.

Le renard , à l'affut sous le pré du moulin ,
A ravi le canard qui venait de sortir.
La larron , aux dépens de la pauvre meunière ,
Va faire ripaille au fond de sa tanière.
Je vois un autre brigand sur la colline :
Le loup, à la faveur du manteau de la nuit ,
A fait une capture au pâtre du village.
Vous êtes toujours à la merci du vent et de la tempête ,
Pauvres moutons ! tout veut de votre peau.
Vous ne verrez plus Robin , le familier du troupeau ,
Le loup l'a emporté dans l'épaisseur des bois ;
Là , seul , il le dévore et en ronge les os.

Aousé un bruch dins lous ers : la nasillardo gén ;
Ménado per un guido hardit ; intelligén,
Baï joui dés plasés dé la sésou noubèlo,
Dins uno autro patrio é pus fresso é pus bélo.
Tour-à-tour la bésès, dins soun bol bigourous ;
Fourma lou carrat lon, lou trianglé, la crous ;
Diriat un bataillòun qué marcho é qué manobro.
Fidélo à soun éstén, tous trabaillo à soun obro.

Anén dins lou baloun soubré lous bords del riou ;
Aqui tous ès pus frés, tous ès pus abourioù ;
Lou margoul al rasio sé trémpouillo é cabusso,
Croco la locho, ou l'asé à la testo d'aoumusso ;
Quond soun got ès farcit, sé ré lou trouplo pas,
S'espousso é s'espésouillo à l'abro del clapas.

A la cimo del gour la troucho saoumounado,
L'uèl toujour à l'aguet, sé bresso, soubrénado,
Finto é quond lou toun passo é sé sarro un paou tróp ;
Lou peissou galabar aladoun faï son cop ;
Mor sa còuo, faï l'armel, so despléjo é l'émpaoumo ;
Dispareis coumo un trét é s'énfuch dins sa baûmo.
La gronouillo o pagat soun tribut al trépas ;
L'énguilo sous lou roc né baï faïré un répas.
Lou barbel méns paourue dins lou gour sé préméno,
Toujour présté à gouba lou ber qué l'aïgo méno,
Sé né toumbo un moucel, la bernio lou sésis ;
Tels del banquet d'un gron proufitoun lous bésis.

La doumeisélo fièro, al miech dé sas ribalos,
Désplejo é faï brounzi la gazo dé sas alos,
As réyouns del soulel éstalo sas coulous.
Es méns riché é méns bïou l'incarnat dé las flous.
Un coumpagnou la sec, radious coumo l'aoubo,
La sésis à la taillo, é lou couplé sé saoubo.

Estèndut soubré l'énné, à la parét dé l'hor,
Où ploumjo tout éntio l'uël dé l'astré al fron d'or,
Lou liser, l'er énquiét é la testo superbo,
Beï lou grél qué s'égaïo à trabers lous brins d'herbo.
Coumo l'eilious qué sor dés nibous én furou,
Quond carréjoun pertout la mor é la terrou,

J'entends un bruit dans les airs : les canards nasillards,
Conduits par un guide hardi, intelligent,
Vont jouir des plaisirs de la saison nouvelle
Dans une autre patrie et plus fraiche et plus belle.
Je les vois tour-à-tour dans leur vol vigoureux,
Former le carré long, le triangle, la croix.
Vous diriez un bataillon qui marche et qui manœuvre,
Fidèle à son instinct, tout travaille à son œuvre.

Descendons au vallon, sur les bords du ruisseau ;
Là tout est plus frais, tout est plus précoce ;
Le martin-pêcheur dans le courant se baigne et plonge,
Saisit la loche ou le meunier à la tête mitrée,
Quand son jabot est rempli, si rien ne le dérange,
Il se secoue et fait sa toilette sur la grève.

A l'entrée du gouffre, la truite saumonée,
L'œil attentif, se berce, surnage,
Veille, et quand la mouche passe et s'approche de trop près,
L'avide poisson fait alors son coup,
Mord sa queue, forme l'arc, se détache et avale sa proie,
Disparaît comme un trait et se cache dans les cavités de la [berge.]
La grenouille a payé son tribut au trépas.
L'anguille sous le rocher s'en va repaître.
Le barbeau, moins peureux, se promène dans la rivière,
Toujours prêt à gober le ver que le courant entraîne ;
S'il en tombe un morceau, l'ablette s'en empare.
Tels du festin d'un grand profitent les voisins.

La demoiselle fière entre ses rivales,
Déploie et fait résonner la gaze de ses ailes,
Etalant ses couleurs aux rayons du soleil ;
L'émail des fleurs est moins riche et moins vif.
Un compagnon la suit, radieux comme l'aurore,
La saisit à la taille, et le couple s'enfuit.

Couché sur le lierre dans le mur du jardin,
Où plonge tout entier l'œil de l'astre au front d'or,
Le lézard, l'œil inquiet et la tête superbe,
Voit le grillon s'ébattre à travers les brins d'herbe.
Comme l'éclair qui jaillit des nuages en fureur,
Quand ils portent partout la mort et la terreur,

Foun soubré el, lou sésis, l'émporto dins soun gîté ;
Lou réyoun bisuel founctiouno pas pus bité.

Un antré phénouméno attiro ici mon uël ;
La naturo counfound à tout pas nostré orguël ;
Sons abédré estudiat l'architecturo moro,
La limasé bastis soun estrécho démoro.
Sa babo ès lou mourtio, la taillo lou rémblais,
Tous lou matérial dé soun noubel palaïs.
Sous lou roc, à l'abric dé la pléjo qué toumbo,
Lou ber fialaïré teis soun cachot é sa toumbo ;
Mé dé sa céndré un jour rénaissoro pus bel,
E lous ers réçaoupron un habitan noubel.

A l'abro del bousquet tout catat de rousado,
Dé l'hosté del terrio la fumélo bésado,
Baï, bé, salto, boundis, brouto la flou del thin,
E rabis à l'abeillo un précious butin.
Mé sé lou rey dé l'aouro agito un paou las fuéillos,
Ou sé faï la librétо én carєssén las brucillos,
Lou paouruc animal, la fréyou dins lou cur,
S'estrémo é se cabis dins soun palais escur.

L'eschiro soubré l'aoubré éntrinco soun gymnasé.
Maï d'un mestré al près del, mostro d'aoureillos d'asé,
Qué grimpé, salté, plounjé, ou fasso dé bistours,
L'uël o dé péné à ségré é sous sals é sous tours.
Quond o prou boultijat dé la bounio à las bronchos,
Lou bésèt d'assétous, paousat soubré sas onchos,
Traoucho sons bérbéquin é curo lou cachou,
Coumo à l'ago del truc, lou pastré soun bichou.

La moustialo, al rastel dé la bieillo peschieiro,
Où toutés lous achals soun toumbachs én poussieiro,
Sor lou nas, faï pinchou, s'estrémo, se rescon,
Sé mostro un paou pus luën, s'aclato ; o bis quicon :
Un rat bé tout affiech, pus estourdit qué saché,
La rusado s'allonjo é lou suto al passaché.

Bésé buta la taoupo à la cimo del prat,
O fach plusieurs bourdels del déblais qu'o curat.
N'as pas bésoun, Janou, dé rémarga ta daillo,
S'éncaro caouqué téms la butaïro trabaillo,

Il fond sur lui, le saisit, l'emporte dans son gîte;
Le rayon visuel ne fonctionne pas avec plus de vitesse.

Un autre phénomène attire ici mon œil;
La nature confond à tout pas notre orgueil :
Sans avoir étudié l'architecture maure,
Le limaçon construit son étroite demeure,
Sa bave est le mortier, la taille, le moellon,
Tous les matériaux de son nouveau palais.
Sous le pierre à l'abri de la pluie qui tombe,
La chenille tisse sa prison et son tombeau.
Mais de sa cendre un jour elle renaîtra plus belle,
Et les airs recevront un nouvel habitant.

A la lisière du bosquet toute couverte de rosée,
De l'hôte du terrier la femelle folâtre
Va, court, saute, bondit, broute la fleur du thym,
Et ravit à l'abeille un précieux butin.
Mais si le vent agite légèrement les feuilles,
Ou s'il fait ondoyer la moisson qu'il caresse,
Le peureux animal, la frayeur dans le cœur,
S'enferme et se blottit dans son palais obscur.

L'écureuil sur l'arbre commence sa gymnastique.
Plus d'un maître à côté de lui montre de longues oreilles.
Qu'il grimpe, saute, plonge ou fasse des cabrioles.
L'œil a de la peine à suivre et ses sauts et ses tours.
Quand il a assez voltigé du tronc à la branche,
Vous le voyez assis, appuyé sur ses hanches,
Percer sans vilebrequin et manger le noyau,
Comme au sommet de la montagne le pâtre vide sa gamelle.

La belette, au couronnement de l'antique digue
Dont le mortier est tombé en poussière,
Met le nez à l'air, épie, rentre, se cache,
Se montre plus loin, s'incline; elle a vu quelque chose :
Un rat arrive alerte plus étourdi que prudent,
La rusée s'allonge et le surprend au passage,

Je vois la taupe fouiller au penchant de la prairie,
Elle a fait plusieurs buttes du déblai de ses galeries.
Il est inutile, Jean, d'emmancher ta faulx,
Si la terrassière travaille encore quelque temps,

Tout lou fé dé la boulgé ès perdut sons rétour,
Sé pus léou qué pus tar l'i jogués pas un tour.

Tout jouis del mati : lous banars, lous cigalos,
As prémios fiochs del jour despléjoun leur quatré alos,
Las énténdèt brounzi sons jamaï s'arresta,
Bogoun à tristo borli é bous bénoun jousta.

La ser, al pé del termé én longs armels pléjado,
Biou la chalou del jour à plén crubel drajado,
Finto lou rat del chom, la grisolo, l'aoussel,
E quond pot lous crouca né faï pas qu'un moucel ;
Mé qu'un laousas sutio l'i frisé las escaillos,
Sé plonto, bouffo, siplo é fuch dins las roucaillos.
Lou grapal, al coustat del bouissou frès é ber,
L'uël tout rougé dé son é lou gousié duber,
Attiro la chabréto : amb'uno péno extrémo,
La paourèto én tromblén dins sa gulo s'estrémo.

Guerro dins l'er : dous grals campéjoun l'aoussélas,
L'intrépidé brigand leur faï pas gron soulas,
Quond rodo altour del nis où la fumélo cougo.
Ambé dé tels bésis ès bodo dé planta bougo
E dé lous téné luén. Anfi per lou moumén,
L'i fon bien la counduito é l'acoumpagnomén :
Un cop dé bec à drècho, un cop dé bec à gaucho,
E lou poulit réfrin dé leur bouès duro et raoucho.

Lou poplé bécudet pousso un cri dé doulou ;
La margalo escourjaïro o croucat l'aoussélou ;
Dé carnaché affamat, lou brutal carniboro
L'énasto à l'aoubespi, l'estripo é lou déboro.

Armat d'ounglous croucuchs, d'un bec taillut é dur,
Lou pic agrapignat al sap déjà madur,
Tusto à cochs rédouplachs, faï soun traou sons escaïré,
L'arroundis sons coumpas, lou curo sons taraïré,
Tour-à-tour trobo aqui lou biouré é lou cuber,
Lou cougat dé fermijé, é l'insecto, é lou ber.

L'aouriol s'ès mès én trin ; bését coussi s'éntoncho,
Faï sa tréno, l'estacho as ramels dé la broncho ;

Le meilleur foin de ce quartier est perdu sans retour,
Si plus tôt que plus tard tu ne la prends pas au piége.

Tout jouit du matin : les cerfs-volants, les hannetons,
Aux premiers feux du jour déploient leurs quatre ailes.
Vous les entendez bourdonner sans jamais s'arrêter :
Elles voltigent au hasard et viennent vous heurter.

Le serpent, au bas du tertre, en longs anneaux replié,
Reçoit la chaleur du jour tombant à flots,
Guette le rat des champs, le lézard gris, l'oiseau ;
Et quand il peut les saisir il les avale d'un trait ;
Mais qu'un caillou soudain lui frise les écailles,
Il se redresse, souffle, siffle et s'enfuit dans les broussailles.
Le crapaud, à côté du buisson frais et vert ;
L'œil enflammé et la gueule béante ;
Attire à lui la sauterelle. Avec une peine extrême ;
La pauvrette en tremblant entre dans son gosier.

Guerre dans les airs : deux corbeaux poursuivent l'oiseau [de proie ;]
L'intrépide brigand leur inspire des craintes
Quand il tourne autour du nid où la femelle couve.
Contre de tels voisins il est prudent de planter des limites
Et de les éloigner : enfin pour le moment
Ils lui font la conduite et les honneurs du départ ;
Un coup de bec à droite, un coup de bec à gauche,
Et le joyeux refrain de leur ramage dur et rauque.

Les petits oiseaux poussent le cri de détresse :
La pie-grièche écorcheuse a surpris l'oisillon ;
De carnage affamé, le brutal carnivore
L'embroche à l'aubépine, le déchire et s'en repaît.

Armé d'ongles crochus, d'un bec tranchant et dur ;
Le pivert, accroché au sapin déjà vieilli,
Frappe à coups redoublés, fait son trou sans équerre,
L'arrondit sans compas, le perce sans tarière ;
Là il trouve tout à la fois son aliment et sa demeure,
La nymphe de la fourmi, et l'insecte, et la larve.

Le loriot s'est mis à l'œuvre : voyez comme il se hâte,
Il tresse son cable, l'attache à la branche de l'arbre ;

Coumo un balauçadou, l'i pénjo soun palaïs ;
Las amours del printéms souffroun pas dé délaïs.
Dins sa molo couijeto ès ibré dé téndresso,
Quond l'balé del zéphir é l'embaoumo é lou bresso.

Eici la cantaridò ; al poulit ber dourat,
Soun oudou del nerbious flato paou l'odorat ;
Mé sa poudro nous ron dé serbicés sons noumbré :
Sons élo qué dé gens dins lou rouyaoumé soumbré,
Dispénsachs dé nifla l'encéns del més dé maï.
Per iou, jusquos ici, m'o pas mourdut jamaï.
Amourouso del fraissé, é dé sa feuillo abido,
Duer sas bouétos, s'émbolo é l'i baï préné bido.

E tu qué bèqués l'herbo à l'éntour del troupel,
Qué lou pastré al couder o més en estampel,
Tu qu'esfacès l'esclat dé la joubo flouréto,
Té pintraraï pus tard ; poulido bergeiréto.

O bous qué ménat tout, lou téms, l'éternitat,
Séloun lou boun plasé dé bostro boulountat,
Dins bostro obro, moun Dious ! qué dé manificénço !
A bous soul apparté la glouèro, la puisséuço ;
Dé bostro majestat ès romplit l'unibers ;
Lous astrés à millious s'éménachs dins lous èrs ;
Del pabilloun del ciel l'admirablo structuro ;
La raoubo del printéms é sa richo cénturo ;
Tout, jusquos à la plonto, à l'insecto ménut,
A l'humblo brout dé mousso, al berpillon tout nut,
Prouclamo bostro grondo é sacho proubidénço,
Qué despartis sous douns pertout én aboundénço,
Douno à l'homé la bido ambé lou moubomén,
Et faï naïssé lou gro, qué l'i ser d'aliméu.
Païs l'aousselou dés choms, lou bestis, lou counserbo,
E prén souen del cirou perdut sous lou brin d'herbo ;
Faï sourti dé la tijo, ambé las joubés flous,
Leurs parfums, leur émail à las richos coulous.
Proubidénço adouraplo, én merbeillos fécoundo,
Doun l'uël émbrasso tout, lou ciel, la terro é l'oundo ;
Proudigo sous trésors é respond per lou bé,
Al ma qué faï lou mounde énémic del débé.

Comme une escarpolette, il y suspend son palais.
Les amours du printemps ne souffrent pas de retard,
Dans sa molle couche il est ivre de tendresse
Quand l'haleine du zéphir et l'embaume et le berce.

Ici la cantharide au joli vert doré,
Son odeur du nerveux flatte peu l'odorat;
Mais sa poudre nous rend des services sans nombre,
Sans elle combien de personnes dans le royaume sombre,
Dispensées d'aspirer les parfums du mois de mai.
Pour moi, jusqu'ici, elle ne m'a jamais mordu.
Recherchant le frêne et de sa feuille avide,
Elle ouvre ses élytres, y vole et va s'y substanter.

Et toi, qui becquettes le gazon autour du troupeau
Auquel le pâtre a donné l'essor dans le pâturage;
Toi qui effaces l'éclat de la jeune fleur,
Je te peindrai plus tard, gentille bergeronnette.

O vous qui menez tout, le temps, l'éternité,
Selon le bon plaisir de votre volonté,
Dans votre œuvre, grand Dieu ! que de magnificence !
A vous seul appartient la gloire, la puissance;
De votre majesté est rempli l'univers :
Les astres à millions disséminés dans les airs,
Du pavillon du ciel l'admirable structure,
La robe du printemps et sa riche ceinture;
Tout, jusques à la plante, au petit insecte,
A l'humble tige de mousse, au vermisseau tout nu,
Proclame votre grande et sage providence,
Qui dispense partout ses dons avec profusion,
Donne à l'homme la vie et le mouvement,
Et fait naître le grain qui lui sert d'aliment;
Nourrit l'oiseau des champs, le vêtit, le conserve,
Et prend soin du ciron perdu sous le brin d'herbe,
Fait sortir de la tige avec les jeunes fleurs,
Leurs parfums, leur émail aux brillantes couleurs.
Providence adorable, en merveilles féconde,
Dont l'œil embrasse tout, le ciel, la terre et l'onde,
Prodigue ses trésors et répond par le bien,
Au mal que fait l'homme ennemi du devoir.

Hurous qué dins lou calmé estudio la naturo !
Récounouïs bostro mo dins cado créaturo.
Dins soun léngaché mut tout li parlo dé bous,
Dé bostré amour per él é dé bostros fabous.
Hurous qué bous counouïs é sé counouis el mémo,
Publio, én l'adonrén, bostro bountat suprémo,
Pratico la bertut, surtout la charitat,
E pas à pas arribo à bostro éternitat.

Sénté déjà qué perdé haléno,
Poussé pas pus luén moun tapléou.
L'aourio pas terminat to léou,
Séro pus fécoundo ma béno.
Aï fach coumo lou parpaillou,
Qué dé la roso al lis boultijo,
E caresso lou bermillou,
Sons toucha la flou ni la tijo.
Soní counfus dé bostro bountat,
M'abé trop longtéms escoutat.

Heureux qui dans le calme étudie la nature !
Il reconaît votre œuvre dans chaque créature.
Dans son muet langage tout lui parle de vous ,
De votre amour pour lui et de vos faveurs.
Heureux qui vous connaît et se connaît lui-même ,
Publie, en l'adorant, votre bonté suprême ,
Pratique la vertu, surtout la charité ,
Et pas à pas arrive à votre éternité.

Je m'aperçois que je perds haleine ;
Je n'étends pas plus loin mon tableau ;
Je ne l'aurais pas suspendu si tôt ,
Si ma veine était plus féconde.
J'ai fait comme le papillon ,
Qui de la rose au lis voltige ,
Et caresse le vermillon ,
Sans toucher à la fleur ni à la tige.
Je suis confus de votre bonté ,
Vous m'avez écouté trop longtemps.

INSTRUCTION PRATIQUE

Sur l'emploi du plâtre dans la culture des prairies artificielles de la famille des légumineuses.

Par M. DESMOLLES, Membre ordinaire.

Ce n'est pas à la science que nous devons l'introduction de l'usage du plâtre comme stimulant de la végétation. Les paysans des environs de Kupperzel, petite ville du duché de Hoënlohë, l'employaient depuis un temps immémorial sur leurs champs et sur leurs prés; mais c'est seulement vers 1770 que cette pratique si utile a franchi les limites du petit canton où elle avait pris naissance. Meyer, pasteur de Kupperzel, qu'on a surnommé l'apôtre du plâtre, publia à cette époque une suite de brochures destinées à faire connaître les procédés suivis par les cultivateurs de la localité dans l'emploi du sulfate de chaux, et les puissants effets qu'ils en obtenaient.

L'expérience a fait justice de quelques exagérations de Meyer, mais elle a aussi constaté ses titres à la reconnaissance de tous les agriculteurs. Car si l'effet utile du plâtre sur la végétation des graminées, céréales ou fourragères est encore contesté, il est du moins reconnu qu'il agit d'une manière vraiment merveilleuse sur toutes les plantes de la famille des légumineuses, telles que la luzerne, le sainfoin, le trèfle, les vesces, etc. Son action est tellement marquée, que dans les sols privés de l'élément calcaire, dans les schistes et les granits, qui tiennent une si grande place dans notre département, on peut affirmer qu'il double le produit des prairies artificielles. Du reste comme l'expérience personnelle est le plus puissant moyen de conviction, j'engage vivement tous ceux qui cultivent le trèfle ou la luzerne, à répandre du plâtre, ne serait-ce que sur une minime parcelle de leur champ, et je suis assuré qu'après avoir vu et comparé, ils n'auront garde de négliger à l'avenir un moyen aussi simple d'améliorer leurs produits.

Les procédés suivis dans l'emploi du plâtre ne sont pas les mêmes dans tous les pays. Nous n'avons pas à les discuter ici ; cela nous entraînerait à présenter des considérations théoriques fort déplacées dans une simple instruction pratique. Voici, du reste, la méthode que je suis depuis dix ans et dont j'ai toujours éprouvé de bons résultats; elle est tirée de la *Maison rustique* du 19e siècle, pages 72 et suivantes :

On sème le plâtre au printemps sur la végétation commencée, et lorsque les feuilles couvrent déjà la terre.

On le répand à la main le soir, ou le matin à la rosée, par un temps calme, avant ou après une pluie. Les grandes pluies qui suivent son emploi nuisent beaucoup à son effet. La dose ordinaire est de 4 à 5 quintaux (200 à 250 kilog.) à l'hectare; une dose plus forte peut élever le produit, mais dans nos pays où le prix du plâtre est nécessairement fort élevé, l'augmentation de la dépense ne serait pas toujours compensée par l'excédent de la récolte.

Pour produire tout son effet, le plâtre doit être de bonne qualité et susceptible de pouvoir faire avec l'eau une prise solide. Le plâtre cru, brûlé ou avarié, ainsi que les fonds de magasin ne sont doués que d'une faible énergie, et les cultivateurs qui se laissent séduire par le bon marché de ces substances avariées font en définitive une économie ruineuse.

PRIX MOYEN DES GRAINS,

PAR HECTOLITRE,

D'APRÈS LES MERCURIALES DES MARCHÉS DU DÉPARTEMENT

de la Lozère,

PENDANT LE SECOND SEMESTRE 1850.

MOIS PAR QUINZAINE.		FROMENT.		MÉTEIL.		SEIGLE.		ORGE.		AVOINE.	
		fr.	c.	fr.	c.	fr.	c.	fr.	c.	fr.	c.
Juillet	1re	16	41	11	92	11	02	9	00	7	43
	2e	16	27	12	33	10	87	9	00	7	28
Août	1re	16	26	12	10	10	72	9	62	7	67
	2e	16	85	13	02	10	92	9	62	7	77
Septembre	1re	15	89	12	93	11	25	»		7	64
	2e	15	66	12	12	11	39	»		7	68
Octobre	1re	15	89	13	44	11	59	»		7	65
	2e	15	94	13	17	11	22	9	62	7	25
Novembre	1re	16	06	12	73	11	34	»		7	31
	2e	16	08	13	27	11	45	»		7	36
Décembre	1re	15	91	12	99	11	41	»		7	28
	2e	15	62	12	43	11	10	»		7	31
TOTAUX....		192	84	152	45	134	28	46	86	89	63
PRIX MOYEN...		16	07	12	71	11	17	9	37	7	47

TABLE DES MATIÈRES.

Mende, impr. de J. J. M. IGNON.

www.ingramcontent.com/pod-product-compliance
Lightning Source LLC
LaVergne TN
LVHW011953220826
846092LV00001B/166

9782329783444